空间经济学研究前沿系列　　　　　　　　　　　❘ 总主编　张学良

国际大都市的底色
上海乡村文化发展报告

杨　嬛　张学良　著

The Underlying Color of An International Metropolis

上海财经大学出版社
SHANGHAI UNIVERSITY OF FINANCE & ECONOMICS PRESS

上海学术·经济学出版中心

图书在版编目(CIP)数据

国际大都市的底色：上海乡村文化发展报告 / 杨嬛，张学良著. -- 上海：上海财经大学出版社，2025.4.
（空间经济学研究前沿系列）. -- ISBN 978-7-5642-4605-1

Ⅰ.G127.51

中国国家版本馆 CIP 数据核字第 20252ZG739 号

本书由国家社会科学基金项目(23BJL074)、上海市教育委员会 2023 年度科研创新计划重大项目(2023SKZD14)、上海市社会科学界联合会的项目资助出版

□ 责任编辑　李成军
□ 封面设计　贺加贝

国际大都市的底色
——上海乡村文化发展报告

杨　嬛　张学良　著

上海财经大学出版社出版发行
（上海市中山北一路 369 号　邮编 200083）
网　　址：http://www.sufep.com
电子邮箱：webmaster@sufep.com
全国新华书店经销
浙江天地海印刷有限公司印刷装订
2025 年 4 月第 1 版　2025 年 4 月第 1 次印刷

710mm×1000mm　1/16　7.25 印张（插页：2）　108 千字
定价：58.00 元

前　言

　　上海作为长三角城市群发展的动力引擎,正在提升"五个中心"的核心功能和发展能级,"城市增长"仍然是未来发展的核心问题。同时,上海二分之一的面积仍然是半城市化或乡村地带,具有江南乡村的元素和特质。上海不可能实现全域范围内的城市化,未来上海必然还会有乡村的存在。因此,在上海"建成具有世界影响力的社会主义现代化国际大都市"的总目标下,上海乡村作为国际大都市的亮点和美丽上海的底色,既是提升城市核心功能的重要承载地,同时也是提升城市能级和核心竞争力的重要战略空间,具有格外重要的战略定位。

　　江南文化以其开放性、包容性、崇文重教、精益求精和敢为人先的特质,对长三角地区的发展起到了积极的推动作用。上海作为长三角地区的中心城市,其乡村文化与江南文化紧密相连,共同促进了区域经济和文化的繁荣发展。此外,上海的乡村文化还兼具红色文化和海派文化的特色,使上海具有独一无二的乡村文化特色和资源。本书以上海这种特殊的乡村文化为背景,结合实际案例,探讨如何通过发现、挖掘、保护和推广特殊的文化资源助力上海的乡村振兴工作。

　　本书分为三章,第一章主要从理论层面阐述了乡村文化和乡村振兴之间的关系。第二章介绍了上海乡村文化的发展特点,主要从发展历程、文化资源特点、文化资源赋能乡村振兴几个方面依次展开。第三章是案例集,介绍了上海市十五个通过乡村文化赋能乡村建设的典型案例。

　　本书的成稿要感谢第三届和第四届"长三角江南文化论坛"中"最江南"长三角乡村文化传承与创新案例的遴选工作的支持。正是两届论坛对长三角地区乡村文化传承与创新案例的关注成为本书最初开始写作的契机。本书在成稿的过程中,参考和借鉴了入选村提供的宝贵一手资料(包括乡村简介及相关图片),在此向它们表示衷心的感谢。但受篇幅所限,未能将入选村一一罗列和总结,也是本书的遗憾。

通过对一手资料的整理和进一步分析,我们希望读者可以对上海市乡村文化赋能乡村振兴的相关工作有比较全面的了解。理解乡村文化在推动乡村全面振兴中的核心作用,为了解中国乡村振兴战略提供了全面的视角。同时,本书希望读者充分认识到宝贵的乡村文化资源是上海这个大都市的底色,未来其将在乡村和城市发展中扮演重要角色。挖掘和利用乡村文化的价值,将为乡村振兴注入新的活力,实现经济、社会和文化的协调发展。

本书的案例收集和写作受到了上海财经大学诸多博士研究生和硕士研究生的协助,包括陈娜、张心宁、曹伟等人,在此对他们的工作表示衷心的感谢! 同时,本书受到了国家社会科学基金项目(23BJL074)、上海市教育委员会 2023 年度科研创新计划重大项目(2023SKZD14)、上海市社会科学界联合会的项目资助,在此表示感谢!

杨嬛

2024 年 8 月 30 日

目　录

第一章　国际大都市的底色:乡村文化与乡村振兴/001

第一节　乡村文化建设与乡村振兴/001

第二节　江南文化与长三角区域发展/005

第三节　上海乡村文化与长三角地区发展/009

第二章　上海乡村文化的发展/013

第一节　上海市乡村振兴工作的发展历程/013

第二节　上海乡村文化的发展历程/014

第三节　上海乡村文化资源的传承与保护/017

第四节　乡村文化创新与赋能乡村振兴/027

第五节　乡村文化振兴的体制机制改革与保障/033

第六节　长三角一体化背景下乡村文化协同振兴展望/039

第三章　案例集/042

第一节　骑迹乡村,乡匠海沈:上海市浦东新区惠南镇海沈村/042

第二节　传承非遗活态,共建美丽乡村:上海市浦东新区新场镇新南村/047

第三节　都市革乡韵,田园新江南:上海市闵行区浦江镇革新村/053

第四节　稻田里的研发中心,在产业融合中传承弘扬本土特色文化:上海市嘉定区安亭镇向阳村/058

第五节　党建引领贯穿乡村治理,打好乡村治理组合拳:上海市宝山区罗泾镇塘湾村/063

第六节 宜居水乡,芋香稻村:上海市宝山区罗泾镇洋桥村/068

第七节 大美青溪,韵味吴房:上海市奉贤区青村镇吴房村/072

第八节 "荷之村":上海市松江区新浜镇胡家埭村/076

第九节 远看青山绿水,近看江南田园:上海市松江区泖港镇黄桥村/082

第十节 中国农民画传承的新起点:上海市金山区枫泾镇中洪村/086

第十一节 中国故事村:上海市金山区枫泾镇新义村/091

第十二节 莲湖水韵,青西人家:上海市青浦区金泽镇莲湖村/096

第十三节 古韵今声,打造江南新IP:上海市青浦区重固镇章堰村/100

第十四节 从横沙历史古镇到海岛风情乡村的蜕变:上海市崇明区横沙乡丰乐村/104

第十五节 园艺铸就历史、预示将来:上海市崇明区港沿镇园艺村/108

参考文献/111

第一章　国际大都市的底色：乡村文化与乡村振兴

改革开放以来，中国经济和社会发展取得了举世瞩目的成就，现代工业实现了长足进步，以城镇为主的人口分布格局已经形成。但依据第七次全国人口普查数据，居住在乡村的人口为 50 979 万人，占 36.11％，中国未来必然还会有乡村的存在。同时，我国发展已经进入了新时代，现阶段我国社会的主要矛盾已经转化为人民日益增长的美好生活需要和不平衡不充分发展之间的矛盾，而这种发展的不平衡不充分，突出反映在农业和乡村发展的滞后上。如何促进农业发展、改善农村面貌、增加农民收入，既是社会历史发展亟待解决的问题，也是社会科学研究关注的热点、重点理论问题。

第一节　乡村文化建设与乡村振兴

一、乡村振兴战略实施的内涵

党的十八大以来，习近平总书记就做好"三农"工作特别是实施乡村振兴战略发表一系列重要讲话、做出一系列重要指示批示，深刻阐述了实施乡村振兴战略的内涵要义、方向道路、工作布局、基本任务和原则要求，为坚定走中国特色社会主义乡村振兴道路提供了根本遵循。党的二十大报告对全面推进乡村振兴做出了新部署，为新时代的中国乡村发展提供了路线指南和强大动力。实施乡村振兴战略，推进农业农村现代化，是习近平新时代中国特色社会主义思想的有机组成部分，是指导新时代中国农村改革的重大战略方针。从我国乡村历史发展来看，乡村振兴是乡村治理在社会主义新农村建设基础上的转型升级。从现实维度来看,实施乡村振兴战略是破解城乡发展不平衡、农业农村发展不充分的根本途径,实现两个百年奋斗目标离不开乡村振兴战略,乡村振兴的重要性和必要性不言而喻。乡村振兴与复兴体现了我国农村在实现伟大中国梦征程中历史与现实的统一。

乡村振兴具有十分丰富的内涵,包括产业兴旺、生态宜居、乡风文明、治理有效、生活富裕等。习近平总书记在参加十三届全国人大一次会议山东代表团审议时明确指出:"要推动乡村文化振兴,加强农村思想道德建设和公共文化建设,以社会主义核心价值观为引领,深入挖掘优秀传统农耕文化蕴含的思想观念、人文精神、道德规范,培育挖掘乡土文化人才,弘扬主旋律和社会正气,培育文明乡风、良好家风、淳朴民风,改善农民精神风貌,提高乡村社会文明程度,焕发乡村文明新气象。"乡村振兴离不开文化的引领,文化振兴是乡村振兴的任务和追求,既能为乡村全面振兴提供哺育和支撑,也是推动乡村实现全面振兴的路径和抓手。

二、乡村文化是乡村振兴的重要"价值力量"

中国有着数千年的农耕传统文化,并创造出灿烂的农业文明。在漫长的农业文明时代,整个社会是一个以乡土为根基的乡土社会,社会的精神文化体系是以乡土为基础形成的。费孝通先生将传统中国称为"乡土中国",其含义不仅仅在于强调农业生产的重要性,更强调中华民族文化的归属在乡村。因此,从一定程度上讲,中国的乡村文化就是农业文化。这种乡村文化不仅体现为乡村物质文化(包括自然景观、空间肌理、乡村建筑、生产工具等),也体现为非物质文化(包括陶瓷、编织、雕刻和剪纸等民间工艺,武术、舞狮、戏曲等民间表演艺术,农村的节庆日、传统服饰、祭事活动等民风民俗,农家乐、农村野味、农村土特产等农村传统饮食文化以及古朴闲适的村落氛围等)。随着工业化、城镇化的推进,中国乡村文化虽然屡遭外来文化的冲击和破坏,但其精髓伏而不倒,仍然深深地根植于中国广袤的土地,影响着人们的思想观念。理解乡村文化、认同乡村文化、尊重并热爱乡村文化不仅是增强文化自信的内在要求,也是实现乡村振兴的必要前提。

文化在经济发展中扮演着重要作用。任何经济现象、经济模式的生成背后总有某些历史、文化因素在起作用,因为人的经济活动总是要受到其所在的环境的文化传统、价值观念的影响。根据马克思主义唯物史观,人类社会发展的基本规律是经济基础决定上层建筑,一定社会的经济生产方式决定社会的政治、文化等;而政治、文化又反作用于社会的经济,先进文化能够促进社会经济的发展,而落后文化则抑制社会经济的发展。

根据文化与经济关系的相关理论,特定的文化(道德伦理、理想观念、宗教信仰、风俗习惯等)对经济发展的直接作用并不明显,而往往是通过一定的作用媒介来发挥其影响力。这主要体现在以下几个方面:

文化影响个体经济意识和个体经济行为。人作为经济发展过程中的主体,总是受到文化观念潜移默化的影响。文化观念通过判断前提和价值预设作用,影响人们对新事物、新技术采纳和接受态度等。即个人的意识塑造,会影响个体发展经济的能动意识和抢抓机遇的能力。同时,文化观念为个体经济行为提供导向,并产生一定的行为规范效应,使不同文化背景区域的社会经济活动能够维持不同的秩序风格,进而影响经济发展。

文化影响经济发展的制度环境。新制度经济学指出,一般而言,制度主要由正式制度和非正式制度两部分组成。正式制度是指人们自觉发现并加以规范化的一系列带有强制性的规则,包括政治、司法规则和合约等。而非正式制度是指一个社会在漫长的历史演变过程中逐渐形成的、不依赖于人们主观意志的社会文化传统和行为规范,包括行为准则、价值观念、道德伦理、风俗惯例等。文化作为一种非正式制度,能够对正式制度进行延伸诠释或修正。文化的差异会影响不同区域的人们对正式制度的看法,进而影响人们对于制度的选择,由此带来了制度变迁与演进的差异,进而影响区域经济和社会的发展。此外,只有基于一定的文化氛围并建立在道德伦理基础之上的制度规则,才会具有现实的约束力,才能成为区域经济持续稳定增长的动力和保障。

文化影响经济发展的驱动力量。劳动力是经济发展的重要因素之一。劳动力的思想和行为是否统一,直接决定着经济发展速度快慢和质量高低。在生产实践过程中,劳动力需要共同的语言、心理和经济生活,经过长期的锤炼形成共同的价值意识。共同的价值意识是劳动力产生情感、沟通思想的媒介,是分散的劳动力产生凝聚力的基础。文化通过情感、规范和目标等途径,使劳动力和社会之间产生认同和吸引,增强劳动力内部的聚合力和向心力,从而推进经济发展和社会进步。

此外,我们应当注意到文化的经济功能。所谓文化的经济功能,就是文化本身的经济价值和它带来的增值效应,主要体现为文化产业所带来的经济效益。文化具有强渗透、强关联的效应。文化建设可推动文化与农业、旅游等产业融合发展,进而带动区域经济发展。

从这个方面讲,当前中国实施乡村振兴战略,不能仅仅抓农村经济建设,而要抓农村社会全面发展,尤其是农村文化建设更是不可忽视的重要方面。应让文化成为农村社会发展的助推器。

首先,乡村文化为乡村振兴奠定文化基础。乡村文化能为村民自治实践提供治理文化基础,为村民自治普及自治、德治、法治意识,优化村民自治的组织运行体系。更重要的是,乡村文化中蕴含的伦理文化是引导乡村风气不可或缺的力量,文明乡风、良好家风、淳朴民风能够有效提升乡村治理水平,完善乡村自治体系。此外,乡村文化能为农村集体经济组织的发展提供企业文化基础,为农村集体经济组织普及现代企业管理制度,在思想层面上帮助壮大农村集体经济。

其次,乡村文化为乡村振兴提供文化资源。乡村历史悠久的文化内涵是一笔可待深挖的宝贵财富,而且具有强渗透、强关联的效应,是乡村振兴的文化生产力。对乡村文化资源的开发和市场运作,有助于形成独具特色的文化产业,促进乡村产业振兴。

最后,乡村文化振兴为乡村生态振兴普及生态保护意识。乡村文化中天人合一、和谐共生的思想有助于倡导绿色生产和生活方式,约束村民共同遵守生态道德,树立尊重自然、顺应自然、保护自然的生态文明价值观，做到人与自然和谐共生。同时，乡村文化振兴能为乡村生态振兴提供深厚的生态文化，更加有效地加快乡村生态振兴。

第二节　江南文化与长三角区域发展

一、江南文化的人文价值

"长江三角洲"是近代才出现的地理概念，指中国最大的河口三角洲，泛指南京、镇江及扬州以东，黄海、东海以西，新通扬运河以南，杭州境内钱塘江以北的，由长江泥沙堆积而成的冲积平原。但在地理区划理论的影响下，长江三角洲地区从最初的自然地理概念逐渐衍生出经济区的含义。2016 年 5 月国务院发布的《长江三角洲城市群发展规划》中共涉及了"三省一市"，具体包含上海、杭州、南京、合肥、镇江、嘉兴、湖州、绍兴、宁波、无锡、苏州、南通等 26 个城市。习近平总书记在 2018 年的首届中国国际进口博览会上宣布"将支持长江三角洲区域一体化发展并上升为国家战略"，2019 年，国务院印发《长江三角洲区域一体化发展规划纲要》。至此，长江三角洲地区包括了地缘相近，经济和文化联系较为紧密的沪、苏、浙、皖全域的 41 市，区域面积为 35.8 万平方千米，常住人口超过 2 亿人，地区生产总值约占全国总量的四分之一。长江三角洲地区是中国经济最发达、最有创造力和发展活力的地区，经济活动集聚程度最高的地区，同时也是中国城镇化体系最发达的地区。在这样的背景下，实现长三角城市群更高质量的一体化发展是长三角城市群成为具有全球竞争力的世界级城市群的重要内容。重新从历史、文化的角度审视长江三角洲地区的历史渊源和发展源头，对于长三角一体化的发展具有重要的现实意义。

中华文化在历史上大致可以分为南北两大文化体系。北方文化以黄河文明为核心，而南方文化则以长江文明为代表。长江文明可进一步细分为三个主要分支：巴蜀文化、荆楚文化和吴文化。吴文化作为江南文化的先驱,其在早期并非中华文化的主流,而是处于边缘地位,其影响力主要局限于吴越地区。然而,历史上三次大规模的"南迁"运动,为江南地区带来了丰富的人口、技术、资源和思想,为江南文化的兴起奠定了基础。在继承和发展吴越文化的基础上,江南文化融合了中原的儒家思想,同时吸收了道家和佛教的哲学,逐渐形成了独特的文化特色,并在中华文化的发展中占据了长达七百余年的主导地位。至今,长三角地区的城市群仍然属于江南文化圈,这些城市之间不仅经济联系紧密,而且在文化认同上有着强烈的共鸣,共同承载着江南文化的属性和特征。

江南文化的特点与江南的自然地理环境和经济发展特征是分不开的。一方面,江南文化的特点与"水"有着密切联系。江南雨水充足,江河纵横,河湖密布,环湖通江达海,良好的自然环境使得江南地区成为著名的鱼米之乡。江南乡村文化以稻棉耕作文化与渔耕文化并存为主。另一方面,自古以来,江南地区大多处于远离国家政治中心的位置。在历史发展过程中,江南地区在生产资料和生产关系上没有绝对优势。但由于自身工商文化的特殊要求,该地区社会发展的要求十分迫切,故特别重视生产力中人的因素。因此,以人为本的人文精神在江南文化中得到充分彰显,主要包括以下几个方面:

一是开放与包容的特质。这与江南地区环湖通江达海密切相关。梁启超在《地理与文明之关系》中提到,征诸历史上之事实,则人类交通往来之便,全恃河海。水性使人通,山性使人塞。江南水上交通便利,航海事业发达,江南文化与海外文化交流频繁。近代以来,江南人在"开眼看世界"的过程中,广泛学习和引进西方先进技术和管理经验,改变了封闭的、自给自足的小农经济状态,开启了工业化进程。改革开放后,上海以浦东开发开放为龙头,以海纳百川的开阔胸襟,引进、消化、吸收国外先进技术与管理经验,直接带动了从江南腹地到长江三角洲,乃至整个长江流域的经济发展。

二是崇文重教、精益求精的特质。江南自古就形成了崇文重教的浓郁风气,崇尚"诗礼传家"的传统。朱熹曾在《平江府常熟县学吴公祠记》

提到："南方之学，得其菁华。"《万历休宁县志（卷一）》《舆地志·风俗》都曾记到，徽州读书之风甚兴，高度重视教育，"山间茅屋书声响""十户之村，无废诵读""诸废并兴，聚书千家，择善教，弦歌之声不弛昼夜"。江南风景秀丽、经济富裕，江南文人雅士多以文采著称。据统计，唐诗存世的江南诗人占唐代诗人总数的 18.5％，而江南诗人存诗数量达 11 346 首，占了现存唐诗总数的 20.6％。至今，崇尚文教仍旧是江南文化最鲜明的特征。在优质高校方面，长三角地区拥有 35 所"双一流"建设大学和 41 所"双高计划"学校，分别占全国的 25.55％和 20.81％。2021 年泰晤士高等教育世界大学排名显示，长三角地区共有 6 所高校进入世界前五百名。在两院院士数量方面，截止到 2021 年，在超过 50 名两院院士所有的共 8 座城市中，有 7 座城市来自长三角地区。其中宁波籍院士数量超过 100 名，达 120 位，居全国首位。

江南人的精益求精，表现在对圆满极致的效果的追求。江南之巧甲于天下。袁宏道言："凡艺到精极处，皆可成名。"苏绣、顾绣、南京云锦、常州梳篦及土布工艺等让人叹为观止，传统徽州的民居、祠堂、牌坊被誉为"古建三绝"。如今，神威太湖之光超级计算机、"蛟龙号"深海探测船、上海振华龙门吊等大国重器不断涌现，体现了江南人对于极致效果的执着追求。

三是敢为人先、求真务实的特质。江南人敢为人先的特质不仅体现为与众不同的创新思想，更体现为过人的胆识与魄力。江南人尤其重视商业，挑战几千年来根深蒂固的商人为"四民之末"的传统，并强调"贾为厚利，儒为名高""商何负于农""良贾何负闳儒""贾儒迭相为用"。商业在江南得到充分的发展。在明代全国 50 个重要的工商城市中，位于江南的就有南京、苏州、常州、镇江、松江（上海）、嘉兴、湖州、宁波、扬州等。至鸦片战争前夕，江南地区大中小城镇遍布，江南经济位居全国之首。如今，敢为人先的革新精神依旧是江南文化最鲜明的特征。从浦东的开发开放到乡镇企业的异军突起和苏南模式的成功，从"创业创新创优、争先领先率先"的"江苏精神"到"干在实处、走在前列、勇立潮头"的"浙江精神"，无不体现了江南文化勇于开创、敢为人先的革新精神。

求真务实是江南文化中的一个鲜明特点。江南人讲实学、办实事、重实效、求实惠,体现了现实主义精神。这种特质深刻地反映他们在西风东渐的大势下已不愿重走"学而优则仕"的老路,而是根据实际需要选择新的人生道路。这方面的代表人物有"北周南张":北面有周学熙,其在直隶创办启新洋灰厂、滦州煤矿;南面有实业家张謇,其创办了大生纱厂等企业,成为我国近代著名的实业家、政治家、教育家。

二、江南文化与长三角一体化发展

当前长三角在迅速发展的同时,也开始遭遇越来越多的困境,如对自然资源与环境的过度损耗以及城市之间的恶性竞争,使得"长三角的圈总是画不圆"。一般来说,直接的经济利益是影响地区发展的主要原因,但事实上,一切经济和社会发展的深层次矛盾都必然涉及文化领域。长三角区域内形成的江南文化,是当前长三角地区发展的文化理念和精神资源。

对于长三角的一体化发展而言,其发展并不是无源之水、无本之木,而是以古代的经济发达与文化繁荣为基本条件的。鱼米之乡、丘陵地貌和密集的水网形成了长三角城市群发展的地理共同体,而在历史上江南东道的共同监察区进一步形成了长三角城市群历史上的治理共同体。更重要的是长江、运河以及海运将江南地区紧密地联系成为一个整体,形成了以上海为中心、周边省份重点城市为腹地的一体化发展路径,构建了长三角城市群历史上的经济共同体。在此基础上,吴越文化的历史沉淀,西晋衣冠南渡带来的儒家思想,通商开埠带来的西学东渐,形成了长三角城市群不同于中国其他地区的文化理念,构成了长三角城市群发展的文化共同体。江南地区所呈现出的地理共同体、经济共同体、治理共同体和文化共同体发展态势,进一步证实了江南文化在三省一市具有最深切的心理认同,这为长三角的一体化发展提供了必需的文化认同和价值归属。

第三节　上海乡村文化与长三角地区发展

一、上海乡村文化与江南文化

作为江南区域中的一片沃土，上海的发展始终与江南文化的发展密切相关。

上海的历史可以远溯至 5000 多年前青浦一带的崧泽文化。春秋时期，吴王在松江设立了华亭镇，秦朝会稽郡的海盐县是"上海地区的第一个县城"。北宋时期，上海浦设立专门征收酒税的衙门——上海务，上海第一次在行政上出现雏形。后在 13 世纪后期，上海镇设立，属江南东路嘉兴府华亭县。至元二十九年（公元 1292 年）其升为上海县，属江浙行省松江府。此时，华亭县已变成松江府，上海归松江府管辖。后上海地位日益重要，清朝政府把管理从乍浦到连云港的江海关搬到了上海。"五口通商"之后，清朝政府认识到上海和长江口的重要性，便于 1898 年将位于长江口的吴淞辟为商埠。因此，上海一度被称为淞沪。1927 年，北伐战争胜利，南京国民政府建立上海特别市，3 年后上海特别市改称上海市。1958 年，上海市并入原属江苏省辖松江专区 10 县，才形成了上海今天的区域范围。

对于上海乡村文化，陈伯海先生曾经提到"上海文化的底子是古代吴越和明清江南文化。这个地区经济开发早，文明历史悠久，与中原联系密切，文化积累也相对丰厚。南宋以后，城市商品经济繁盛，文化心态中重商业、讲实利的倾向便滋长起来，明清时期更达到人文荟萃的顶峰。它不像北方社会趋于保守，亦少有闽广一带人士偏狭的排外心理，这些都为上海发展近代工业文明做出良好的铺垫。五口通商，一枝独秀，除了地理位置优越外，文化的作用也不可忽视。果然，经过现代化社会生产力的大手笔的一番涂抹，上海文化便从'小家碧玉'式的江南传统里脱胎而出，成长为仪态万方的大家闺秀"。上海受吴越文化蕴藉优雅、清秀柔美的影响，并发展与构成了上海乡村文化的独特特征。在明清时代江南文化的影响下,江南文化务实理性的开拓精神、开放包容的创新精神、精益求精的追求极致的精神,成为上海乡村文化发展的底色。

上海的发展与繁荣也影响了江南文化。一是上海为江南文化提供了走向全国、走向世界的舞台。随着通商口岸的开放,上海成为中国最大的对外贸易港口和移民进出集散地。大量的江南移民将江南文化带到上海,通过上海跨越东海、太平洋,走向世界。可以说,如果没有上海,江南文化可能对中国和世界的影响就不会那么深远。二是上海为江南文化吸收、融汇外来文化提供了出口。上海是西方文化传播的主要集聚地。上海最早从西方引进技术、制度与人才,新办大学、出版社和报馆。在上海登记的常驻外国移民曾达 15 万人,世界一流的艺术家等都曾生活在上海。

二、上海与长三角地区发展

上海作为长三角区域地理位置上的中点、经济区域的中心,其自古以来便与长三角地区文化的基本特征相同,也与长三角地区联系密切。

1840 年鸦片战争之前,上海是江苏省松江府下属的一个县,社会和经济地位并不十分突出。通商口岸开放以后,上海"(长)江(东)海之会,南北之中"的区位优势得到进一步凸显,经济潜力得到充分发挥。长江三角洲为上海发展提供了大量的劳动力和原材料。上海迅速发展成为中国最大的对外口岸、工商城市、经济中心。长三角地区的经济中心也从原来的苏州转移到上海。

1927 年,国民政府设立上海特别市,原来辖属江苏省的上海成为独立的行政单位。这一时期,上海与长江三角洲地区联系十分密切。大量江浙两省移民流入上海的同时,带来了大量的知识技能和民间资本,推动了上海民族工商业、金融业、服务业等的快速发展。

新中国成立后,在计划经济的安排下,上海和江苏、浙江、安徽、福建、江西五省一市形成了相互协作的关系。

20 世纪 80 年代末 90 年代初，上海提出了以浦东开发开放为突破口，浦东浦西联动以加速上海改革开放步伐的战略思路。这一思路得到中央决策层的肯定，进而引发了以浦东开发开放为契机的长三角区域经济一体化的第二次浪潮，长三角区域经济一体化也因此进入了一个新的阶段。

21 世纪，中央更加关注区域协调发展问题。2004 年 11 月，国家发改委将长江三角洲区域规划作为"十一五"规划的重要内容。

2008 年 9 月，国务院印发《关于进一步推进长江三角洲地区改革开放和经济社会发展的指导意见》，首提推进长江三角洲地区一体化发展，把长江三角洲地区建设成为亚太地区重要的国际门户。

2010 年，国务院先后印发《全国主体功能区规划》《长江三角洲地区区域规划》，对长江三角洲区域发展空间布局进行了规划。

2016 年，国家再次推出推进长江三角洲地区协调发展的重大规划——《长江三角洲城市群发展规划》。从区位优势看，在中央要推进的长江三角洲城市群中，占地面积 86.6 平方千米的虹桥商务区处在长三角城市轴的关键节点上，与周边主要城市的距离均在 300 千米之内，是上海对接和辐射长三角的真正的中枢。

2018 年 11 月 5 日，习近平主席在首届中国国际进口博览会开幕式上宣布，长江三角洲区域一体化发展上升为国家战略。

上海作为长三角世界级城市群的核心城市，应以更开放的姿态、更包容的心态、更创新的举措，将加快自身发展和主动服务长三角一体化发展有机结合。

首先，发挥好上海的"龙头带动"作用，强化产业分工和协作。借助上海总部经济发达的优势，形成合理的空间布局和产业链配套。协调发展制造业集群与服务业集群，以产业集群为载体，将行政边界模糊化，促使长三角一体化发展的主要机制在空间上极化扩散。

其次，着力增强国内大循环内生动力，高水平建设长三角国家技术创新中心，做强长三角资本市场服务基地，更好地发挥 G60 科创走廊和药品、医疗器械技术审评检查长三角分中心等跨区域合作平台的作用。同时，着力打造联通国际市场和国内市场的新平台，持续放大进博会的溢出带动效应，深入实施虹桥国际开放枢纽建设总体方案。

再次，各类要素在更大范围畅通流动。着力打造一体化市场体系，推动各类要素在更大范围畅通流动，推进长三角世界级港口群一体化治理，加快长三角国际贸易单一窗口建设，促进更高水平的区域分工协作。

最后，积极推动生态环境保护、异地康养、政务服务跨省通办等一批重大项目和重点协同事项；推进长三角生态绿色一体化发展示范区建设，探索形成更多可复制、可推广的一体化制度。

第二章 上海乡村文化的发展

　　上海作为长三角城市群发展的动力引擎，正在提升"五个中心"的核心功能和发展能级，"城市增长"仍然是未来发展的核心问题。同时，上海二分之一的面积仍然是半城市化或乡村地带，具有江南乡村的元素和特质。上海不可能实现全域范围内的城市化，未来上海必然还会有乡村的存在。因此，在上海"建成具有世界影响力的社会主义现代化国际大都市"的总目标下，上海乡村作为国际大都市的亮点和美丽上海的底色，是提升城市核心功能的重要承载地，同时是提升城市能级和核心竞争力的重要战略空间，具有格外重要的战略定位。乡村振兴是上海未来发展中非常重要的一环。

第一节 上海市乡村振兴工作的发展历程

　　作为超大城市的一部分，上海的乡村振兴带有其自身的特色。上海目前仍保有 9 个涉农区、103 个乡镇、1 577 个行政村、近 100 万户农村居民。在上海 6 000 多平方千米的土地上，同时浓缩了具有现代化和都市性的中心城市区域，半城市化的郊区以及以农作为主的乡村地带，形成了不同于全国其他地区的超大城市的三元社会经济结构。同时，上海的农业现代化已经发展到相当成熟的水平，郊区的土地流转率已经达到 90％以上，主要农作物的耕种收综合机械化率达到了 93％。但上海同时也面临着农村劳动力老化、弱化和外地化的问题。因此，如何在超大城市的背景下，走出具有上海特色的城市反哺乡村的乡村振兴之路，具有重要的理论和实践意义。

随着国家乡村振兴战略规划的提出,坚持农业农村优先发展的问题被摆到前所未有的高度。上海市委、市政府统一思想,充分认识到乡村振兴对上海这样一个大都市的重要意义,相继出台了《关于贯彻〈中共中央、国务院关于实施乡村振兴战略的意见〉的实施意见》,确立了实施乡村振兴战略的四梁八柱;编制了《上海乡村振兴战略规划(2018—2022年)》,部署了重大计划和重大项目;制定了《上海乡村振兴战略实施方案(2018—2022年)》,提出将"363"工程作为上海乡村振兴的重大抓手,即打造"三园"工程——"美丽家园""绿色田园"和"幸福乐园";实施六大行动计划,落实三大保障机制;提出大都市郊区乡村的振兴体现为"美在生态,富在产业,根在文化";从农村人居环境整治、美丽乡村示范村建设、乡村振兴示范村建设三个层次来推进乡村建设,并在此基础上进一步制定了《上海市乡村振兴"十四五"规划》,进一步明确了上海乡村"十四五"发展目标,即让乡村成为上海现代化国际大都市的亮点和美丽上海的底色,为建成与具有世界影响力的社会主义现代化国际大都市相适应的现代化乡村奠定坚实基础。

到2024年,上海市已建设112个乡村振兴示范村,超过300个美丽乡村示范村,实现1 577个行政村人居环境整治全覆盖。而在上海市乡村振兴工作的推进过程中,乡村文化的建设是其中的重要推手。

第二节　上海乡村文化的发展历程

作为江南文化中重要的一部分,上海自通商开埠以来,不仅继承了江南文化的特色,更成为各种文化和文明交汇、交流与交融的天然平台。在上海从农耕社会—半农耕半工业社会—工业社会乃至信息社会发展的过程中,江南文化、红色文化和海派文化在上海的土地上不断交融杂糅,形成了独特的上海乡村文化。

上海乡村文化的演进主要包括三种形态:江南文化、海派文化和红色文化。江南文化是上海乡村文化的根源,而海派文化是开埠以后江南文化与西方文化融合的产物,它基于上海高度商业化的社会得以发展。可以说海派文化是江南文化与西方文化交融后的一种新的发展形态。受益于海派文化赖以生存的多元文化格局,红色文化借助上海与世界的紧密联系和上海的文化生产能力、融汇能力和传播能力得以孕育和发展。这三种文化相互交融、交织、交流成为上海乡村文化的独特风景,赋予上海乡村文化强大的生命力。

上海乡村文化不仅体现在物质价值方面,如待泾村的朱氏古船舫遗址、张马村的泖塔遗址等;更体现在非物质价值方面,黄桥村的楹联、新南村的土布和丝竹等都是具有代表性的上海非物质文化遗产。受上海国际大都市的影响,国际文化的交流也对乡村文化产生了深远的影响。例如,上海金山区中洪村的农民画远销海外。同时,在乡村振兴的过程中,一些传统的节庆和民俗项目也重新登上时代的舞台,如豫园元宵灯会、龙华庙会、罗店龙船文化、松江的舞草龙、金山吕巷的小白龙舞、金山的打莲湘、浦东三林的中秋拜月习俗、三林的城隍"三巡会"展演、松江的妈祖祭拜以及江南丝竹、奉贤滚灯,等等。这些民俗的复兴与复归反映了当代上海人对民俗文化传统的认同。这些饱含着民族凝聚的情感形成了上海独具特色的乡村文化资源。

目前,上海已提出大都市郊区乡村的振兴应体现"美在生态,富在产业,根在文化"的发展方针。具有上海特色的乡村文化的传承,既是上海社会主义现代化国际大都市发展过程中软实力的重要体现,也是提升乡村经济附加值的重要推手和乡村振兴过程中的重要"价值力量"。在上海乡村振兴的过程中,可通过挖掘乡村的文化资源,将乡村文化赋能乡村产业发展。利用得天独厚的市场优势,上海市开拓了一条将乡村文化的生态价值和美学价值转化为乡村发展的经济价值和产业价值的道路,使农民真正从乡村文化中获得经济价值、幸福感和满足感,使古老的乡村文化重新焕发生机。

从丰乐村的古"稻米工坊"、酿酒坊,章堰村的古桥、古庙,革新村的清代梅园等物质文化遗产,到新南村的土布、黄桥村的楹联、新义村的故事文化、中洪村的农民画等非物质文化遗产；从吴房村的黄桃、向阳村的稻田、园艺村的园艺种植、洋桥村的芋艿、胡家埭村和莲湖村的莲荷自然之美，到海沈村的非遗工坊、创客工坊和塘湾村的母婴康养产业发展，乡村充分依托自身的文化资源，实现了从乡村文化和乡村资源向乡村发展经济价值和产业价值的转化，走出了具有上海特色的乡村文化和乡村振兴发展之路（见表2—1）。

表2—1　　　　　　　　上海乡村文化资源赋能乡村振兴案例

序号	所在区	所在镇	村名	案例名称
1	浦东新区	惠南镇	海沈村	骑迹乡村，乡匠海沈
2		新场镇	新南村	聚焦"妇女＋非遗"土布文创 助力浦东非遗活态传承
3	闵行区	浦江镇	革新村	都市革乡韵，田园新江南
4	嘉定区	安亭镇	向阳村	稻田里的研发中心，在产业融合中传承弘扬本土特色文化
5	宝山区	罗泾镇	塘湾村	党建引领贯穿乡村治理，打好乡村治理组合拳
6			洋桥村	宜居水乡，芋香稻村
7	奉贤区	青村镇	吴房村	大美青溪，韵味吴房
8	松江区	新浜镇	胡家埭村	"荷之村"胡家埭村
9		泖港镇	黄桥村	远看青山绿水，近看江南田园
10	金山区	枫泾镇	中洪村	中国农民画传承的新起点
11			新义村	中国故事村新义村
12	青浦区	金泽镇	莲湖村	莲湖水韵，青西人家
13		重固镇	章堰村	古韵今声，打造江南新IP
14	崇明区	横沙乡	丰乐村	从横沙历史古镇到海岛风情乡村的蜕变
15		港沿镇	园艺村	园艺铸就历史、预示将来

数据来源：根据第三届"长三角江南文化论坛"中"最江南"长三角乡村文化传承与创新案例——上海案例整理。

第三节　上海乡村文化资源的传承与保护

乡村风貌、乡音乡情、风俗习惯等构成了历史文化遗产,也造就了优秀传统文化的基本内核,成为不可磨灭的文化印记。习近平总书记讲话中曾强调要让农村"看得见青山绿水,记得住乡愁"。"记得住乡愁"就是要传承与保护乡村文化资源。上海乡村文化资源主要包括物质文化资源、非物质文化资源、民情民俗文化资源、名人文化资源以及乡村饮食文化资源等。

一、上海乡村物质文化资源的传承与保护

在漫长的农业社会的发展进程中,上海与周边的江浙地区形成了一个整体,表现出典型的中国江南农耕文化的发展特色。从交通上看,隶属江南地区的上海以太湖为核心、大海为依托、运河为通道、长江为走廊,留下了有关水运的深刻烙印;从耕作方式上看,江河纵横以及滨江靠海的良好自然环境使上海成为鱼米之乡,使稻谷耕作文化与渔耕文化并存;明清之际,棉花种植的发展更使上海成为历史上闻名全国的纺织业中心,上海甚至有"衣被天下"之称。在上海的乡村中留下了丰富的农耕文化印记。在上海,与航运、耕作以及纺织有关的农耕文化记忆和相关文化资源随处可见,如连民村村域内沿道可见的氨水池、渡槽、纺织机,丰乐村的酿酒坊,待泾村的古船舫遗址等。

地方庙宇兴盛也是上海和江南乡村的共同特点。明代中叶后,上海各个乡镇几乎都建有城隍庙,至清代中叶,松江府、太仓县所辖的各县与主要市镇也都建有城隍庙宇。具有明显渔耕文化特色的各类迎神赛会也在上海十分兴盛。根据上海县志记载,明清两代经修葺、增建和重建后供奉妈祖的庙宇有南圣妃宫、上海天后宫(清代,妈祖被朝廷敕封为天后,妈祖庙遂被称为天后宫)等,在今天上海的金山、奉贤、浦东、宝山、崇明等地区也建有数量众多的妈祖庙。此外,诸如关公庙、财神庙、观音庙、土地庙

等也遍布明清时期上海的各个乡镇。图2—1为金山朱泾镇待泾村朱氏古船舫遗址,图2—2为青浦区朱家角镇张马村泖塔,表2—2为上海部分乡村庙宇、牌坊等相关文化资源。图2—3为青浦区重固镇章堰村的新、老城隍庙。

图2—1　金山区朱泾镇待泾村朱氏古船舫遗址

图2—2　青浦区朱家角镇张马村泖塔

表 2－2　　　　　　　上海部分乡村庙宇、牌坊等相关文化资源

村名	所属镇	所属区	文化资源描述	存续情况
浦秀村	庄行镇	奉贤区	横庙,始建于明代,有大厅三间,庙门向西,故称横庙。因年久失修将毁,于光绪二十五年(1899 年)募捐重建	
吴房村	青村镇	奉贤区	旌义坊,建于清道光十八年(1838年),位于吴房村三组,是奉贤区现存牌坊中最大的一座	
章堰村	重固镇	青浦区	石塔庙,位于镇河西街鸭蛋桥南桥堍西处。三官堂庙,位于镇北街中段,坐东朝西。 章堰老城隍庙,在镇西市,是松江府城隍的别庙。有人说,此庙乃元时蔡廷秀所建。 章堰新城隍庙位于镇东市,是县城隍的别庙之一,建于北宋年间,在清朝嘉庆(1796—1820 年)、光绪(1875—1908 年)年间都曾局部整修过。据记载,章堰还曾有一座"普光寺"为南宋绍熙五年(1194 年)所建	到新中国成立前夕,老城隍庙只剩下一埭正殿(三间),20 世纪 50年代末,庙宇残余部分全被拆除。普光寺为明嘉靖年间建旧县时拆毁。明末仅存寺基、僧田,后废弃
新义村	枫泾镇	金山区	莲锡庵,原为杨家庵,据《枫泾志》记载,该庵于明嘉靖年间(1522 年)由里人杨茂春舍地募建,属杨姓家庵,是太太、小姐吃斋念佛的去处。其于清顺治十年(1653 年)重修	莲锡庵已成为重要的文化场所,内有中国故事展厅、莲锡书院、中国故事基地、新义村新时代文明实践站
胡家埭村	新浜镇	松江区	普光庵,位于泗庄浜自然村,清朝中期建成。 城隍庙,位于方家哈自然村,建造年代不详。 猛将庙,位于胡家埭四队,建造年代不详。 杨家庙,位于胡家埭一队,建造年代不详	普光庵于 1957 年被拆除。城隍庙于 20 世纪 80 年代被拆除。猛将庙、杨家庙于 20世纪 60 年代初被拆除
待泾村	朱泾镇	金山区	蒋泾庙建于清乾隆三年(1738 年),清咸丰年间(1851—1861 年)该庙毁于兵燹,光绪二十一年(1885 年)重建。民国 36 年(1947 年)其因年久失修而倾颓,后又重建。1974 年,拆前埭,造幸福中学	至今三拆三建,尚有构作物 3 间,建于霓虹服装厂围墙外东首

资料来源:作者整理。

图 2—3　青浦区重固镇章堰村的新、老城隍庙

在村落的布局上,上海乡村的房屋、农田、河浜、堤岸、道路、庙宇、祠堂等自然和人文景观错落有致,共同构成一幅和谐的水乡生态图景。上海的建筑具有典型的江南水乡格局,民居、厅堂、院墙、贾肆、祠堂、书院、戏台、广场、亭台、楼阁、桥梁、河埠、码头、衙署、寺庙、作坊、牌坊、园林等,这些元素共同构成了上海乡村别具特色的物质文化遗产。乡土建筑不仅仅是建筑,也与自然环境和谐共生,是家宅、家园、家国的情怀所在。上海乡村地区的传统建筑离不开江南文化的底蕴,同时,由于上海近代历史上开埠的深刻影响,其又深受海派文化的熏陶,表现出一种兼容并包、独有的文化风格。表 2—3 为上海部分乡村古建筑及景观文化资源。

表 2—3　　　　　　　　　上海部分乡村古建筑及景观文化资源

村名	所属镇	所属区	文化资源描述
浦秀村	庄行镇	奉贤区	客乐浦,为 20 世纪 30 年代英国商人凯利建造的"万国商团夜总会",2017 年改建成农艺公园
连民村	川沙新镇	浦东新区	屹立百年的符氏老宅
吴房村	青村镇	奉贤区	109 年历史的"百年老宅"
章堰村	重固镇	青浦区	百年历史古桥内四桥、外四桥和周十二桥
革新村	浦江镇	闵行区	建于清代的梅园、道南桥、礼耕堂、奚家恭寿堂住宅、奚氏宁俭堂宅院、奚世瑜住宅、沈家住宅和济南桥,建于民国时期的赵元昌商号宅院、革新村益民桥等

资料来源:作者整理。

二、上海非物质文化资源的传承与保护

"仓廪实而知礼节。"江南地区利用其得天独厚的自然优势,在历史上创造了"江南熟、天下足"的辉煌成就,而这种经济的富足正是文化发展的先决条件。作为江南文化中重要的一部分,上海自通商开埠以来,不仅继承了江南文化的特色,更成为各种文化和文明交汇、交流与交融的天然平台。频繁进出的商船不仅带来了丰富的物资,也带来了东西南北各具特色的文化,于是"通商码头"衍生为"文化码头"。上海的非物质文化遗产,正是基于这样的社会环境逐步沉积发展起来的。上海的非物质文化遗产文化资源形态繁多,包括民间文学、传统音乐、传统舞蹈、传统戏剧、曲艺、传统体育、游艺与杂技、传统美术、传统技艺、传统医药等,几乎涵盖了当前我国非物质文化遗产名录项目中涉及的所有门类。而上海的乡村作为这种文化的最佳承载主体,展现出了丰富多彩的非物质文化资源的特色。

其中,最具代表性的当数金山区枫泾镇中洪村的农民画。农民画将民间的印染、剪纸、刺绣、木雕、灶壁画等古老艺术巧妙地运用到绘画中,其以江南农村多姿多彩的生活习俗和热火朝天的劳动场景为题材,用朴实的手法,培育出了散发着泥土芬芳的中国当代民间艺术。现在金山农民画已经成为中洪村的标签,实现了乡村非物质文化遗产与上海这座国际都市的有益结合,将历史文化的沉淀转化为现代艺术的瑰宝。图2—4为金山区枫泾镇中洪村绘画场景。

图2—4 金山区枫泾镇中洪村绘画场景

此外,上海乡村的传统编织手工艺等也是珍贵的非物质文化资源,如丰乐村的竹编工艺、张马地区的草编技术、新南村的土布、吴房村的土布染色和经布工艺以及钩针编织等。

除此以外,丰富的民间艺术,如黄桥村的楹联等,以生动的艺术表现形式活化了传统文化,其被列为第一批国家非物质文化遗产名录,黄桥村享有"中国楹联文化村"的美誉。胡家埭村的民间艺术农民书起源于清末民国时期,形式为用锣鼓书演唱,到各地演出。青村镇的打莲湘曲调以江南丝竹及奉贤山歌为主。青村镇的杨柳青调在晚清、民国时期一般以花鸟虫名或戏名为内容,现在则以歌颂新农村、新风尚为主。图2-5为上海楹联学会会长和松江区委副书记为"上海市楹联村"揭牌。图2-6为丰乐村进行竹编教学。

图2-5　上海楹联学会会长和松江区委副书记为"上海市楹联村"揭牌

上海市的乡村积极采取措施,保护非物质文化资源。如胡家埭村将原艺人找回进行了调演,并录音录像,制成光盘留档;吴房村的圆通小学曾开设打莲湘文艺课,该课程成为该校的特色校园课程;待泾村设立村史馆,用物件、文字等展示传统文化。表2-4为上海部分乡村的非物质文化资源。

图 2－6　丰乐村进行竹编教学

表 2－4　　　　　　　　　上海部分乡村的非物质文化资源

村名	所属镇	所属区	非物质文化资源描述
丰乐村	横沙乡	崇明区	竹编工艺、稻画香文艺团
张马村	朱家角镇	青浦区	草编技术
胡家埭村	新浜镇	松江区	民间艺术农民书
吴房村	青村镇	奉贤区	打莲湘、乡土纸艺
新叶村	庄行镇	奉贤区	烙画、土布织带
黄桥村	泖港镇	松江区	楹联
新南村	新场镇	浦东新区	丝竹、土布

资料来源：作者整理。

三、上海乡村民情民俗文化资源的传承与保护

　　民情民俗文化是中华优秀传统文化的重要组成部分，是历代民众集体创造、传承并享用的凝聚着深厚民族情感与民族精神的根基性文化。优秀的民俗文化保留了历代民众的群体记忆，反映出集体共同的精神追求。它是特定地域的文化标识。民俗文化的本质就是人民的社会生活。在漫长的文明发展进程中，人民群众在个体的生产实践和创造发明中，形

成了类型繁多、内涵丰富的民俗文化资源。"民俗作为一种文化现象,是民间生成、储存的文化资本,可通过文化经营,在流通、传承、积累和提升中实现其经济价值"。作为民族文化中最有生命力和最具代表性的文化,民情民俗文化资源属性在新的发展环境中被唤醒,成为一种新型的社会资源。

上海市的乡村拥有漫长的发展历史,在这个发展过程中形成了独特的民情民俗文化。上海农耕文化根植于江南文化,其在融汇各种文化的基础上逐步形成。与中国农耕文明相关的各种风俗习惯都得到传承,一些具有本地特色的民俗节庆也得以弘扬(见表2-5)。全国性的节日,如春节、元宵、清明、端午、中秋、重阳、冬至得到较好的传承,而地方性的民俗如城隍庙会等在上海异常流行。此外,传统的正月初四接财神在商业文化的深入影响下,在上海乡村格外受到推崇。上海竹枝词所谓"香烟结篆烛生花,百子高升震耳哗。天上财神有多少,下方迎接遍家家",反映的就是沪上民众抢接财神的热闹景象。

表2-5　　　　　　　　上海地区历史上部分重要民俗节庆

节庆民俗名称	节庆类型	节庆时间	节庆地区
鞭春牛	祈求丰收	立春	松江
祭社稷	祈求丰收安康	立春第五个戊日(春社日),立秋第五个戊日(秋社日)	上海各区
接财神	祈福	农历正月初四	上海各区
拜祭刘猛将	驱蝗祈求丰收	农历正月十三	上海各区
祭祀土地	祈求平安	农历二月初二	上海各区
行耕礼	祭神农氏	农历二月初八	奉贤
花神会/花朝会	祭拜花神	农历二月十二	浦东、青浦
妈祖庙祭拜	妈祖生日祈求平安	农历三月二十三	金山、奉贤、浦东、宝山、崇明
迎神赛会	驱邪祈福	农历清明前一日、七月十五、十月初一	上海各区
赛龙舟	纪念屈原、伍子胥	农历五月初五	上海各区

续表

节庆民俗名称	节庆类型	节庆时间	节庆地区
开秧门	插秧仪式	芒种前后	上海各区
乞巧节	祈福	农历七月初七	上海各区
青苗社	驱虫	农历七月	松江
观潮节	娱乐	农历八月十八	浦东
开稻门	稻生日	农历八月二十四	金山、松江
庙会	祭神、娱乐、商贸	各种重要节庆日	上海各区
冬至节	祭祖	公历12月22日或23日	上海各区

资料来源:根据《中国民俗大系·上海卷》及相关文献整理,表中未列出春节、元宵、清明、端午、中秋等全国通行的重要传统节日。

上海农村民俗文化以继承传统为主,随着历史的发展和社会的进步,其又被赋予新的内涵,在传统习俗之外,又加入了一些符合现代社会要求的乡规民约。这些文化承载着历代村民的记忆,也体现着他们对于未来美好生活的追求。为了建设美丽乡村,实现乡村振兴,上海市的村子会根据各个村的不同情况制定乡规民约:如新叶村通过"美丽乡村·美丽约定"来保护乡村的美丽景象;黄桥村相继成立精神文明建设与创建领导小组,开展争创"新风户""五好家庭""星级家庭"和争创"文明村民"等一系列创建活动;向阳村有自创的村规民约歌谣等。

四、上海乡村名人文化资源的传承与保护

在中国古代的乡村社会中,基于自然经济的相对封闭性和稳定性,乡村中的乡贤、名人具有较高的社会地位,特别是通过科举等途径考取过功名但仍居住在乡村的乡绅,其地位尤高。他们拥有的文化资源和显赫的社会地位是乡村文化传承的重要载体,而他们所反映出的文化精神代表了乡村共同认可的文化资源,折射出乡村精神的传承,是乡村文化资源的重要组成部分。

例如,中国古代棉纺织技术的革新家黄道婆,相传为松江府乌泥泾

(今上海徐汇区华泾镇)人。她通过向乡民推广植棉纺织技术,传教制作捍、弹、纺、织机具的技艺,并对纺车等进行改良,使得棉纺织效率得到了极大的提升。乌泥泾棉布销行日广,千户农家和手工业者的生活大获改善。与上海相邻的松江、青浦等地的植棉也随之发展。纺织业日趋繁荣,布匹远销北方,被称为"云布",并博得"松郡棉布,衣被天下"的赞誉。上海农村家家机杼,享其利达 600 余年。黄道婆身上反映的是江南女子勤劳务实、善于思考和勇于创新的工匠精神,是当今上海乡村文化的缩影。图 2—7 为上海黄道婆墓。

图 2—7　上海黄道婆墓

五、上海市乡村饮食文化资源的传承与保护

乡村美食是几千年农耕文明的智慧结晶,是烙印着地方特色的文化载体。乡村食品能够根据各地方的现有条件,重视原料的综合利用,以最经济的形式满足人们的需要。乡村饮食制作方法能体现南甜北咸东淡西浓与中和的地方风味特色,以及春酸夏苦秋辛冬咸配合季节变化的规律,与大自然相协调。乡村饮食尽管加工简易、风味朴实,但在不同地域场所和不同的季节,能体现不同的特色。乡村食品的鲜明个性就是质朴自然、原汁原味。乡村民间菜的烹制过程绝不会刻意,其原料就地取材,拙朴自

然。"靠山吃山,靠水吃水",擅长运用本地的食源,是乡村饮食文化的一
大特点。各地由于自然条件不同,形成了具有当地特色的饮食习俗,食品
文化具有突出的地域特点。即使社会不断发展变化,乡村这种特有的地
域风貌特色也难以改变,带有浓郁的乡风、乡土与乡情。

上海是一个由港口码头发展起来的国际城市,商业繁荣、人口众多、
生活消费需求广泛而多元,饮食文化资源极为发达。上海位于长江中下
游地区,食品咸甜适度,酸香适口,少用麻辣。上海的每个村子都有着符
合上海气候特征的特色农产品和传统美食。

上海的村子有着许多特色农产品,如新陆村盛产香椿、枸杞头、马兰头
等农产品;青村镇为奉贤黄桃的主产区,2010 年 4 月,该地区的黄桃被认定
为国家地理标志保护产品,其中,吴房村拥有 800 亩左右的黄桃园;向阳村
的特色农产品包括百信大米、炬阳葡萄、斌超白果等。除农产品外,上海的
村子还有一些特色美食,如张马村的特色食品糯米糕、糯米圆团、糯米塌饼,
吴房村的草头塌饼、方糕、菜卤蛋,向阳村的向阳米糕等。部分村子还拥有
独特的传统制作工艺,如油车村即以拥有榨油的传统工艺而闻名。

第四节　乡村文化创新与赋能乡村振兴

文化是乡村振兴的重要内容,亦是乡村振兴的重要"价值力量"。上
海市充分发掘乡村文化价值,平衡"保留乡村原真"与"唤醒乡村活力"之
间的关系,从村民耕作、传统手艺、村庄历史、特色景观等切入,突出传统
乡村文化的创造性、转化性和创新性发展。乡村文化为上海乡村实现"产
业兴旺、生态宜居、乡风文明、治理有效、生活富裕"的乡村振兴战略目标
提供了一条可以借鉴的创意发展之路。

一、乡村文化价值挖掘与开发

(一)文化改造,为乡村振兴厚植根基

乡村振兴需要充分发挥乡村传承优秀传统文化的功能,通过深挖传

统乡土文化、农耕文化的精髓，探索传统文化的发展创新之路，使乡村传统文化能够与当代社会相适应，助力乡村振兴。

一是推动乡村文化复兴。以现代化的、大众化的途径，保护、传承、欣赏农耕文化，增强乡村文化传承的生命力，为乡村文化不断注入新鲜血液，赋予时代的气息。

如丰乐村与新永村、上海乐之道旅游公司一起创办了海岛艺术田园，将稻田通过科学计算与种植，展现出巨大的图案。2019年稻田画成功挑战吉尼斯世界纪录，成为"世界上最大的水稻画"。海岛艺术田园每年举办为期3天的丰收节暨横沙多彩水稻节活动，来自五湖四海的朋友汇集于此，他们参观稻田画，观看演出，参与充满农趣的活动。传统农耕与现代艺术巧妙地碰撞，吸引了人们近距离感受、体验农耕文化。

二是注重活态传承创新。加强乡村非物质文化遗产传习基地、传统手工艺体验场所等的建设，推动非遗、传统手工艺等与文化创意产业、乡村休闲观光游相结合，不断激发乡村文化的活力。

合中村以小品、戏剧、舞蹈、山歌表演唱等村民喜闻乐见的形式，挖掘、整理、创作《长寿舞》《洗衣舞》《喂鸡乐》《垦拓》《弹棉花》等反映农耕文化的作品，建立村史民俗文化廊、打造上海市优秀民歌手施鹤苟《中国崇明山歌集》文化长廊等，推动乡村文化的传承与创新。

待泾村以花灯制作孵化基地建设为抓手，进一步保护和传承非物质文化遗产——朱泾花灯；以朱氏古船舫为中心，打造"古船舫遗址"等文化遗产建设项目，积极保护、传承、弘扬民间艺术、传统民俗、人文典故等非物质文化遗产，保护、修缮农村历史民居、古建筑、文化遗迹，彰显乡村人文魅力，建设优秀传统文化体系。

三是留住乡村历史文脉。通过乡村历史文化挖掘，塑造乡风、传承乡韵、留住乡愁，做好文化传承，诉说本村文化历史内涵，同时培育特色文化品牌，积极挖掘唤醒乡村文化资源，充分体现文化立村的思想理念。

油车村传承发扬"榨油"的传统历史文化，以"五色菜花节""油坊"等展示油车村丰富的农村文化、农耕文化历史，将油车村全域打造成农耕文化展示区。油车村通过打造和恢复部分"乡村小景"讲好油车故事,为美丽乡村建设注入文化内涵。

连民村邀请浦东建筑设计院分类分析存量建筑风貌,在保持主要建筑群落风格肌理的基础上,引导新增建筑装修实施新江南风格设计,为村落再添清雅韵味。村中屹立百年的符氏老宅与新式建筑交相辉映,新式的氨水槽与老式的渡槽、纺织机等农耕文明遗迹沿道可见,乡村文脉在这里延续传承。

(二)文化塑造,为乡村振兴提质增效

一是打造地区文化创意产品。依托本地自然资源、历史文化资源,通过多维度综合设计研究,精准定位产品用户,借助企业、学校等社会力量,开展迎合大众需求的文化产品研发。

中洪村依托独一无二的中国农民画村等特色旅游资源,整合区域有效资源,构建"农民画村——特色农业(农家)——休闲度假——古镇旅游"联动,成为"文化体验——农业观光——养生度假"一体化的市民乡村游览聚集地。

新陆村因地制宜导入主题研学。其通过两大室内载体和千亩户外蔬菜基地,拓展"蔬艺+品牌推广、蔬艺+文化、蔬艺+研学、蔬艺+体验"功能,导入研学团队资源,打造上海市首个自然学校。该村统筹协调五村联动发展资源,成立专业研学团队,探索开发农事体验、野外探险、红色教育、生态科普、户外露营等一系列研学产品,形成多条独特的研学路线。

二是推动文旅融合创新发展。提升旅游项目内涵,开发多元化的旅游产品,定制化举办多种活动,利用文化增添乡村魅力,再让乡村名片反哺文旅产品。

胡家埭村聚焦文旅融合空间打造,丰富公共服务内容供给,在"松江荷花节"期间,开展"闲时闲课在新浜"系列活动、非遗项目传承活动等,增加文旅节庆的游客体验感。依托胡家埭村百灵鸟文艺宣传队和六支文化沙龙队等本地文艺团队,创排具有本土文化特色的精品舞台剧,开发近百款特色旅游文创产品,打造乡村旅游主题线路供游客观赏和体验。

吴房村围绕黄桃特色产业着力打造"东方桃源"项目,引入中国美院工作室以及刘洪杰寿桃艺术馆、吴群名人工作室等,大力开发"十里桃花"观光路、黄桃特色餐饮、生态垂钓、半山艺和桃源里特色民宿等乡村旅游资源,通过举办"桃花节""黄桃节"吸引市民到吴房赏花、赏桃、摘桃、购桃,提升乡村知名度和影响力,推动"黄桃+文创+旅游"农商文旅多产业、多要素发展。

莲湖村紧扣"莲"的主题元素,按照典型江南水乡"莲湖水韵、归田园居"的总体定位,打造"世界游客、长三角创客、莲湖村村民的美好生活田园"的发展愿景,并举办"三届红柚丰收体验节""我的丰收我的节""田山歌情景剧演出""长三角美丽乡村研学""莲花宴"等旅游主题日活动,推动当地旅游产业的发展。

三是文化兴产,促进产业融合。充分挖掘地方文化价值,把文化和产业有机融合,鲜明展现乡村特色、带动产业发展;通过一、二、三产业的融合发展,延长传统产业链,增加产品附加值,在推动产业振兴的同时,实现群众增收。

章堰村与中建八局签署章堰古村落合作开发运营一体化协议,章堰古村落核心区引入的进博国别馆、创新企业、文创企业、八局人才发展中心、东坡居酒店、章堰民宿、堰集餐厅和免税店等,带动章堰村经济规模扩大,就业岗位增加,闲置资源充分利用。章堰村通过"文化"+"产业",促进了产业的高质量发展。此外,该村以文化为契机,打造文化品牌,推进一、二、三产联动发展。该村开展"鸭稻米"生态循环种养,种植有机稻米520亩,认证稻米300吨,提升稻米品质,实现优质农产品生产;通过"章堰丰收节""大米品鉴评比"和"线下+线上"营销,打响"章堰香米"和"万亩春"鸭稻米品牌,实现"卖稻谷"向"卖品牌大米"转变,大力发展"订单农业"。该村还通过引入和培育新型农业主体,培育特色农产品品牌,推进助农增收。

(三)文化营造,为乡村振兴凝魂聚力

一方面,培育文明乡风。以文明乡风、良好家风、淳朴民风构筑乡村底色,以文化人、成风化俗,丰富乡村文化内涵,助力乡村振兴。连民村通过充分整合与本村相关的抗日历史、传说故事等,并配合开展"最美连民人""百人全家福"等系列新时代文明实践活动,以丰富的精神内在涵养文明乡风,为现存的乡村建筑和景观赋予更深厚的底蕴和更深远的意境,进一步增加了广大村民对乡村的自豪感和归属感,也由此提升了连民村文化的黏合度和影响力。另一方面,探索乡村治理模式创新。理念与文化的建立及长期长效的运营实践,离不开乡村治理机制的创新和支持。上海乡村通过提炼乡土文化符号和元素,保留乡村"原真、原味、原生态",开展村史馆建设、村志编撰、村歌谱写、村 Logo 设计等活动,编写村规民约、村民手册。

如塘湾村的党建力量充分渗透至社会治理的方方面面。该村通过加强村规民约建设,倡导村民"自我管理、自我约束",充分突出村民主体和问题导向,推进乡村治理不断创新。同时,该村注重树立榜样力量,营造氛围浓厚的"宣传阵地"。其打造顾家宅和西塘宅两处村民睦邻点,开展丰富的乡风文明德治活动,实现了村级顽症的有效根治,村容环境的全面升级,乡风民风的文明净化,村民生活的大幅提质。这些治理体制的创新,真正激发了村民崇德向善,使村庄文明和谐,让乡村充满活力和生机。

二、文化赋能乡村振兴的成功实践路径

发展优秀文化产业不仅能够传承和保护乡村传统文化,还可以加快乡村产业结构调整,助力巩固脱贫攻坚成果,是实现乡村振兴国家战略不可缺少的关键一环。自 2020 年以来,上海各村积极响应党的十九届五中全会关于社会主义文化强国的号召,充分依托上海作为国际大都市的丰富资源与开阔市场,大胆创意、不断创新。上海各村不仅利用当地传统文化打造红极一时的旅游路线,与高校合作建设产教平台;更在文化经济深度融合中创新实践,将当地传统文化与先进产业相结合,实现了文化赋能乡村振兴,进一步提升了农村文化品质,增强了农村经济力量,为全国乡村振兴的实现做出了榜样。目前,文化赋能乡村振兴在上海主要通过以下手段实现。

(一)传统文化促进乡村旅游发展

1.史实典故

史实典故因其真实性与代表性而具有传达性广、普适性强的特点,其具备群众基础,对其稍加利用即可成为唤醒人们共同记忆的接口。例如,连民村符氏老宅建于1913年,为砖木结构,两侧有厢房,共有三屋。经考证,在1942年至1945年期间,朱亚民同志曾带领新四军浦东支队与日军进行了数百场斗争,并在连民村与符氏老宅中未出逃的村民一起完成了"0换34"的伟大壮举。如今,连民村挖掘并发扬了符氏老宅背后的红色故事,不仅自编自导了戏剧,还借助川沙新镇"行走川沙"宣讲团的帮助,使符氏老宅成为浦东新区红色文化的新地标,该线路还入选了2020年上海市文旅局发布的30条浦东精品旅游线路。正因为红色文化的赋能,连民村的旅游业才得以发展起来。

2.文化名人

浦秀村虽然是上海庄行镇一个人口不足6 000的小村庄,但其曾于明清两代培育出不下20位举人与3位著名书画家,并于近代出现了李安详和李永培等英雄。英雄身死,精神永存。浦秀村修建了博物馆以展示先贤们的历史事迹,其在传承乡村文化的同时,也为乡村旅游产业提供了大量文化资源。

3.风土民俗

地方传统与特色风俗来源于当地居民世代以来的生活习惯,是结合了当地地形、气候、历史等多方面因素的综合产物。油车村传承发扬"榨油"传统历史文化,以"五色菜花节""油坊"等展示丰富的农耕文化历史,并通过打造和恢复部分"乡村小景"讲好油车故事,将油车村全域打造成农耕文化展示区,为美丽乡村建设注入文化内涵。

4.特色景观

不同村落因其地理位置、气候情况与历史文化的影响,往往发展出不同的景观。张马村是历代文人墨客吟诗结社之地,有近百名文豪在此题诗泼墨。该村依托独特的语言文化、深厚的人文情怀、丰富的物色特产以及风景优美的泖河和泖塔,形成了生动鲜活的泖塔文化,并大力发展旅游业,形成了"四园一岛"的产业发展格局。

(二)高校资源促进乡村产业振兴

上海高校资源集中,各高校积极开展学旅结合与学农结合活动。各村落通过与上海高校合作,承办学术论坛,开展"学农"夏令营等活动,吸引大批高校师生住宿村中,带动了本地消费水平提升,进一步加强了旅游业的发展。丰乐村作为横沙岛中南部区域面积仅有 2 平方千米、总人口仅有 1 525 人的小村庄,在开展农旅助兴的同时落实乡旅游学,与华师大旅游发展中心合作开展大乐童乡游学项目。目前,该游学项目已完成全套课程研发,于 2021 年 4 月正式开园上课,2021 年接待夏令营学生近千人次,产生社会效益近 200 万元。该项目未来预计年接待学生数量突破2 万人次,并开办国际性乡村游学论坛、长江论坛。

除了为高校提供交流、游学平台外,上海当地乡村也为高校课题提供了大量研究数据。上海财经大学通过专业的社会调查,获得有关"三农"问题的数据资料,形成调查研究报告和决策咨询报告。其以"走千村,访万户,读中国"为口号,连续十余年开展"千村调查"活动。该活动每年都将上海部分村镇列为重点调查对象,组织调研团深入走访以获取数据,与乡村互利互惠,形成稳定合作关系。

第五节　乡村文化振兴的体制机制改革与保障

促进乡村文化发展,实现乡村振兴,离不开政府提供的有效体制和机制的支持与保障。近年来,上海市政府始终将保护和开发上海乡村特色价值作为重要工作,将乡村经济价值、生态价值和美学价值保护和开发作为目标,不断加大乡村文化基础设施的投入与建设,强化现代乡村文化治理体系构建,开拓乡村传统文化传承与弘扬路径,开展文化领域供给侧结构性改革,注重乡村文化投融资体制创新,并逐步完善乡村公共文化服务体系建设,在很大程度上推动了乡村文化的延续和高水平发展。

一、传承与弘扬乡村传统文化,延续乡村文脉

一是将乡土文化与节庆活动相结合,组织农事节庆的推介工作。 上海市 2020 年重点推介了各涉农区与光明集团的多个农事节庆品牌活动,如浦东新区第十二届农博会、闵行区 2020 上海家庭园艺展、嘉定区第二十届上海马陆葡萄节、宝山区 2020 宝山月浦花艺展、奉贤区(第十三届)2020 上海奉贤庄行伏羊节、青浦区第八届枇杷文化旅游节、光明第六届小木屋龙虾节、松江区 2020 上海新浜荷花节、金山区 2020 海渔文化节、青浦区 2020 上海练塘茭白节暨古镇旅游丰收购物节、崇明 2020 年上海柑橘节等,带动吃、住、游、玩、娱、购等全方位联动,满足游客多种需求。

此外,各村也积极开展各类宣传活动,如新叶村举办农民运动会、特色插秧节、趣味采摘节等,切实发扬中国农民千年传承的优良传统。浦秀村通过开展综合戏曲文艺专场、"古方"草木紫草药膏制作展示等活动,在村民间宣传"浦江南畔千年村、源生浦秀百业兴"。油车村举办"五色菜花节",在春暖花开之际,开展学雷锋科普教育、妇女节口金包制作、植树节结对共植等活动,不断为村镇注入有精神、有灵气的文化内涵。

二是突出抓好文旅融合,推进乡村文化繁荣兴盛。 截至 2020 年年末,上海全市已有各级各类休闲农业和乡村旅游景区(点)315 个,其中 37 个全国乡村振兴示范村、30 个中国美丽休闲乡村、17 个全国乡村旅游重点村、124 个市级美丽乡村示范村,创建全国休闲农业与乡村旅游精品企业(园区)95 个星级示范景点,形成了一批休闲农业观光园、采摘园、乡村民宿、休憩林地。

待泾村培育特色文化品牌,积极挖掘唤醒乡村文化资源,以花灯制作孵化基地建设为抓手,进一步保护和传承非物质文化遗产——"朱泾花灯",结合"古船舫遗址"等文化遗产建设项目,进一步留住美丽乡愁,延续文化根脉。油车村打造"金山插秧节"、红色亲子线下之旅等特色项目,并举办折子戏送戏下乡、压花相框制作、庆祝建党百年剪纸展、文艺舞蹈演

出等活动,充分展现了油车风采。黄家榻村在"松江荷花节"期间,开展"闲时闲课在新浜"系列活动、非遗项目传承活动等,又打造出传统互动娱乐体验区域,设置非遗项目和农耕文化展示区域,展示"花篮马灯舞"和当地传统农耕农具,形成文旅特色"打卡点"。

三是挖掘乡村文化积淀,延续文化根脉。通过对物质遗产和非物质遗产的挖掘、整理,一些濒临失传的节庆、民俗、建筑得以复兴和重建。该措施既丰富了乡村文化的生活,又带动了地方经济的发展。如连民村组建了非物质文化江南丝竹的传承团队,使村域内沿道可见氨水池、渡槽、纺织机等农耕文明遗迹。合中村、张马村着重保护富有乡土气息的乡间民俗民风,独特的沙地农耕文化、生动鲜活的泖塔文化得以传承与创新,并吸引了众多媒体的关注。待泾村以江南地区罕见的古船舫遗址为中心,保护、修缮农村历史民居、古建筑、文化遗迹,深挖其历史、科学和艺术价值。黄家榻村注重丰富公共服务内容供给,以采录讲解"讲好乡村故事"和"说好荷乡文化"的方式保护和弘扬传统文化。丰乐村为了保护即将消失的传统手艺,深入挖掘传统手艺人,在蒸崇明糕的爷叔家打造了"稻米工坊",在制作米酒的阿姨家改造出酿酒坊。2021年上半年,丰乐村还建成了村史馆与非物质文化遗产体验馆,馆内通过宣传片、文字、照片、沙盘等形式传达丰乐村往昔的繁荣,设置展板介绍竹编、米酒、崇明糕、老布等传统技艺,桌上还设置传统工艺品向人们展示过往老百姓的生活气息。

二、加大乡村文化基础设施投入,加快建成公共文化设施网络

一是加大对示范村的建设力度,提档升级基础设施。根据《上海市乡村振兴战略规划(2018—2022 年)》《上海市乡村振兴战略实施方案(2018—2022 年)》,2022 年要建设 90 个乡村振兴示范村,200 个美丽乡村示范村,实现 1 577 个行政村人居环境整治全覆盖,目前已建成乡村振兴示范村 69 个。在持续推进乡村振兴示范村的建设过程中,人居环境、基础设施等方面得到很大改善。推进实施提升村容村貌、加大乡村风貌的保护、实施乡村绿化造林、开展农村垃圾治理、实施农村生活污水处理、

整治农村水环境、推进农业生产废弃物资源化利用、完善长效管理机制、加强村庄规划管理推进、"四好农村路"建设、加强标准建设、建立村民自治机制 12 项重点任务清单。推动农村人居环境整治工作在更大范围推进,用更高标准营造宜居环境,使乡村真正成为美丽家园、幸福乐园和绿色田园。

二是建立基层文化服务中心,推进公共文化服务全覆盖。完成家门口服务中心建设,建成集党群服务、民生保障、外口管理服务、知识文化、全民健身、休闲睦邻等为一体的一门式综合服务站,实现村民办事不出村;升级改造生活驿站、老年人活动室、农家会所等综合服务性点位建设,促建长者食堂、健康小屋、党群微家、宅基睦邻点等功能性节点;改建公共绿地、新增口袋公园、漫步道;打造村级线上政务平台"一网通办"业务体系,促进实现卫生医疗、就业援助、田头超市、代办代缴等多项便民服务开展。连民村的"四站一室"和新叶村的"15 分钟便捷生活圈"均打造了公共文化服务网络体系,推进了服务保障均等化。

三是充分利用网络信息技术,以数字村庄赋能乡村治理。搭建"智慧治理"平台,推动大数据、物联网等新一代信息技术与村庄治理深度融合;将市容环境、垃圾分类、河道治理、"两违"整治、为老志愿服务、老年助餐等常规工作全部纳入"智慧治理"系统管理平台,实现数据信息实时互联互通,村庄治理精准服务。例如,合中村从完善硬件设施配备入手,在为民服务大厅安装超大 LED 屏幕,实时显示全村风貌、垃圾分类等工作动态信息;为全村 80 周岁以上老人发放电话手环,可用于实时定位、紧急求助、上报需求等;为党群服务中心配备平板电脑,接收服务需求,分派服务任务等。连民村搭建阳光村务工程平台,实现了村级自治事务公开、财务公开、政务事项公开,借助"浦东 i 党建"平台实现党务公开。

三、依托乡村文化投融资体制创新,促进村落文化资源产业发展

上海市人民政府在发展乡村经济时十分注重创新,旨在通过创新发展农村经济,创造社会效益。上海的乡村蕴藉着丰富的文化资源,通过利

用上海市国际大都市和巨大市场的发展优势,促进乡村文化、产业发展和城市发展有机融合;利用各级政府出台的扶植政策和社会资本下乡等诸多优势条件,促进上海乡村特色文化产业快速发展。

一是依托文化资源,促进农旅产业发展。上海旅游的新一轮发展目标是建成世界著名旅游城市。2016 年上海市就印发了《上海市旅游业改革发展"十三五"规划》,指出要深化上海都市旅游发展的文化内涵,创新推进全域旅游产业发展。2020 年 1 月上海市实施《上海市历史风貌区和优秀历史建筑保护条例》,更全面系统地对风貌文化遗产和村镇遗留历史建筑加强保护,丰富旅游等商业经济价值的引入,统筹协调城市历史文脉的延续性与经济发展的持续性。政府的推动,对农旅产业的发展起到了至关重要的作用。

2020 年,上海农委联合其他部委及上海当地有影响力的企业,成功举办了一系列农旅推介活动,包括"2020 海派农家菜大擂台""2020 中国农民丰收节上海庆丰收大展示系列"等。在丰收节上,各家企业携丰富的农产品、非遗文化、最新科技成果亮相现场,有效促进了农旅产业的发展。此外,上海市还编印了《2020 上海休闲农业概览》宣传画册,共收录了 30 个美丽休闲乡村、41 个休闲农园(农庄)、18 个乡村民宿、10 条精品线路、14 个农事节庆活动,较为完整地展示了近年来上海乡村文化的发展成果,让更多人了解上海乡村、走进上海乡村,为支持乡村文化和旅游产业发展做出了贡献。

二是凭借生态文化资源,促进经济可持续发展。习近平总书记指出:"我们既要绿水青山,也要金山银山。宁要绿水青山,不要金山银山,而且绿水青山就是金山银山。"生态文化是乡村文化中重要的组成部分。上海市自 2014 年以来,就一直把美丽乡村建设放在乡村振兴的首位,积极推动道路景观、水系景观、农田景观与村落形态的同步优化,塑造浓郁乡村田园风貌,使示范村建设由点及面、串点成线、连线成片,美丽乡村建设由一处美迈向一片美。如崇明区的园艺村有着近 90 年的花卉种植和园艺传承历史,60 年的原木栽培技术传承的村史,及 30 年种植景观黄杨和

"崇明派"(瀛洲派)黄杨造型的经验。如今,在市区政府的引导下,该村着力提升景观黄杨的整体水平,打造"崇明派"黄杨造型的品牌效应,向着产业发展的更高处迈进。又如青浦张马村借助各级政府出台的生态文明扶植政策,打造"寻梦源"项目。其被誉为东方的普罗旺斯,每年接待游客30多万人。该村千年泖塔巍然屹立,田肥林茂,菜花摇曳,形成了一幅浑然天成的水墨画卷。张马村先后获得"全国最美休闲乡村""全国生态文化村""中国特色村""全国文明村"等多项荣誉。

三是鼓励投融资体制创新,助推乡村文化发展。乡村文化的发展和传承离不开资金的支持。乡村文化发展资金目前主要依靠政府财政资金投入。但是仅依靠政府财政投入显然是不够的。因此,上海市各级政府积极探索国有资本和民营资本的导入,助推乡村文化建设。如青浦重固镇的章堰村于2015年12月与中建八局、中建方程投资公司组成联合体,签署新型城镇化PPP合作协议。该合作项目致力于政府、企业、农民三方有效联动:政府负责配套公建,企业加大投资、保证合理合法利用流转土地,农民通过土地流转获得收益,实现各方利益平衡,让重固镇的建设基本上原样保留、原样整修,兼有中国传统特色、地方特色和文化特色。该项目不仅将重固镇打造成国家新型城镇化建设样板区、长三角一体化乡村振兴展示窗口、上海绿色智慧创新示范基地,也让千年古镇由此踏上城乡融合、"重固"新活力的变革之路。其助推田园综合体健康持续发展,为乡村文化振兴开辟了新思路和新格局。图2—8为青浦区重固镇章堰村。

图2—8　青浦区重固镇章堰村

第六节　长三角一体化背景下乡村文化协同振兴展望

一、挖掘乡村文化资源，对有价值的文化资源进行梳理和保护

乡村文化的挖掘与保存是乡村文化价值的根本。广义上的乡村文化资源既包括自然层面的生物多样性和生态景观，又包括文化层面上的农耕文明、历史遗产和乡村生活习俗等。应根据上海乡村文化资源的特色，对各类文化资源按照市、区、镇三级体系挖掘、收集和整理，并形成乡村文化资源目录。同时，应利用现代信息技术，如大数据分析和地理信息系统，动态管理和展示文化资源，提高资源的可访问性和互动性。要将具有重要价值的文化资源资料列入国家和市级非物质文化遗产保护名录以及文化资产保护名录，保护文化资源，并积极推动其数字化和网络化，扩大其影响力。

二、以示范村为抓手，促进乡村文化的保护和开发

乡村文化的发展需要物理空间的载体，否则其会变成空中楼阁。示范村是乡村文化建设和发展的最佳载体。上海市通过乡村振兴示范村的建设和美丽乡村示范村的建设，已经积累了大量的成功经验。在后期示范村的建设过程中，应更加重视文化建设的规划和保留乡村文化元素，保留具有保护价值的乡村建筑，提炼和体现具有当地特色的乡村文化符号和元素。同时，示范村应成为创新实践的前沿，应探索文化与科技、教育、健康等领域的融合，形成多元化的文化发展模式。

三、加强乡村文化的建设规划，使乡村向美而行

习近平总书记提出"美术、艺术、科学、技术相辅相成、相互促进、相得益彰。要发挥美术在服务经济社会发展中的重要作用，把更多美术元素、艺术元素应用到城乡规划建设中，增强城乡审美韵味、文化品位，把美术

成果更好服务于人民群众的高品质生活需求"。目前,在乡村文化的开发与建设方面,上海市与高校美院、设计院所等已积累了一定的合作经验。后期应积极利用上海高校和科研院所的优势资源,继续将审美韵味、文化品位应用到乡村文化的开发和建设中。应在遵循乡村建设规律和乡村美学特点,保持乡村生态的基础上,重视村落内的建筑、民俗、生态和旅游产业的融合发展,避免千村一面,促进上海市乡村文化资源的发展。同时,鼓励艺术家驻地创作,将艺术实践与乡村生活紧密结合,提升乡村文化软实力。

四、加强价值转化,推动乡村文化的价值传承

乡村文化生存与发展的根本是经济基础,否则建设将难以为继。上海乡村的经济价值、生态价值和美学价值相互联系、相互促进、有机统一,只有将生态价值和美学价值转化为可以使农民直接获利的经济价值,才能实现乡村的人才振兴、让乡村文化得到传承,实现可持续发展。除了政府财政的大力扶持以外,应积极鼓励包括国有资本、集体资本、民营资本在内的社会资本参与乡村的建设;鼓励资本以资金赞助、项目开发等多元化的形式共同参与,形成多元投入、多方共赢的乡村文化发展新局面。

五、加强乡村文化的宣传,形成乡村文化的系列品牌

乡村文化的发展需要加大宣传力度,"酒香也怕巷子深"。在乡村文化建设的过程中,应以"精品化、特色化、品牌化"建设为重要载体,组织开展乡村文化优质资源的整合和品牌培育,打造高品质的乡村文化 IP。应结合农业、文化、宣传、旅游等多部门的力量,充分调动多渠道媒体的力量,联合打造上海市乡村文化旅游、绿色旅游的精品线路,开展有关乡村文化的大型展示和推广活动,组织农事节庆的推介和推广,让更多的人了解和感受到上海不仅有都市之美,更有乡村之魂。

六、成立长三角一体化乡村文化协同发展联盟,助推长三角乡村文化可持续发展

长三角三省一市在历史上都隶属江南地区,不仅地域相连、民俗相近、人缘相亲,而且文脉相通、水脉相涌、血脉相连,具有形成乡村文化协同发展联盟的先决条件。形成长三角一体化乡村文化协同发展联盟,可以整合区域资源,实现资源共享和优势互补。联盟可以定期举办乡村文化节、展览、研讨会等活动,促进区域内的文化交流与合作。同时,联盟还可以推动乡村文化教育和研究,培养乡村文化人才,为乡村文化的传承和发展提供智力支持。

第三章 案例集

第一节 骑迹乡村,乡匠海沈:上海市浦东新区惠南镇海沈村

海沈村因海而生,因河而建。在乡村振兴的道路上,海沈村挖掘了具有浓郁乡愁的"海沈记忆"。乡创项目使村庄改头换面,带动了三产融合发展。更为关键的是,项目吸引了众多新鲜血液"流入"村庄,激发出了村庄发展的活力,使其成为"上海美丽乡村示范村"。

一、发展概况与文化资源

(一)历史沿革

海沈村东与老港镇烟墩村相接,西与幸福村相邻,南与桥北村、团结村相接,北与黄路村、远东村接壤,总面积为 3.8 平方千米。海沈村水陆交通极为便捷。其水路有一号河、二号河、黄家路港、沈家路港与大治河相接,北与卫星河相接,东与渤马河相接,西与老河塘相接。其陆上运输主要依靠轨道十六号线,惠南东站在村中,高速 A30 横穿海沈村南北。

新中国成立初,海沈村原名为海沈乡。

1956 年农业合作化时期,海沈乡建海沈高级农业合作社。

1958 年,海沈高级农业合作社改名海沈生产大队。同年,海沈、袁路、东联生产大队合并组成东联营。

1959 年,撤销营、连建制,恢复为生产大队。

1975 年,黄路公社组建种子场,把海沈大队 14 队和友谊大队 2 个生产队组建成种子场,海沈大队 16 个生产队减少为 15 个生产队。

1984年,海沈大队改名为海学沈村,下设15个村民小组。

1968—1970年,海沈大队连续3年被评为南汇县先进集体。

1981年,海沈大队农业产值为31.53万元;1984年为56.79万元。

1983年,海沈大队实行家庭联产承包责任制。

1997年,完成土地承包期延长(30年)的落实。海沈村的农业生产逐步走上多种经营之路,优质水蜜桃种植达到40余公顷。

1995年,海沈村粮食产量为845吨,油菜籽产量为92吨,棉花产量为1.85吨,瓜果产量为196吨。

2002年,海沈村粮食产量为417.10吨,油菜籽产量为39.10吨,西甜瓜产量为608吨,桃产量为40吨,实现农业产量值262.41万元。

2002年11月,海沈村和新民村合并,建海沈村,村民委员会设在原海沈村。图3—1为上海市浦东新区惠南镇海沈村。

图3—1 上海市浦东新区惠南镇海沈村

(二)人口与经济发展情况

海沈村2002年11月与原新民村合并时有人口3 600多人,现在海沈村常住户籍人口为3 800多人,自然增长30%。海沈村村民十分勤劳,继承了前辈人民勤劳奋进的光荣传统。早在1733年海边筑钦公塘后,海沈人就在钦公塘东侧开展滩涂种粮食。当时的种田人大多为黄家人,他们种田的路向东延伸,走的道路叫黄家路,这条黄家路现在贯穿海沈村东西。新中国成立后,海沈村在党和政府的正确领导下,发展日新月异。

海沈村合并初期的经济主要由村办企业、农业生产、副业生产三块组成。后来海沈村发展中实施减量化措施,基本关停了村内工业企业。2016年及2019年,村办企业老厂房实行减量化,拆除厂房。2015年,农民把自己的承包田流转给农场主,减轻了农民的负担,提高了农田的收益,且让更多的富余劳动力投入经营和市场服务中。

海沈村旅游农业及农家乐、民宿、服务业等的逐步形成,有效提高了农民收入。村民得到了更多实惠,生活质量不断提高。

(三)乡村人文风貌

(1)乡村风貌。海沈村依河而建,以泐马河为界形成3片较为集中的居民点,居民点四周被田林环抱;村域水网密布,环绕居民点和农田,形成"水、田、林、宅"和谐交融的乡村空间肌理。海沈村的建筑风貌具有各个阶段的时代特征,但依然保留着一些传统江南民居的特点。随着海沈村"美丽庭院"和"美丽乡村"项目的开展,谈北路两侧和合、银杏、稻香、知青,以及春耕、夏耘、秋收、冬藏等海沈小院逐步建成,村域风貌焕然一新,海沈的人居环境品质大大提升,为后续村域产业功能转型提供了有力支撑。

(2)乡村旅游。乡村旅游作为海沈村的第三产业,经过几年结合当地特色的打造,已经逐渐呈现出完整的产业架构。凭借着优秀的自然和文化禀赋,海沈村吸引了一批又一批游客。为了让游客感受不一样的新农村,海沈村季季有主题、月月有活动,集聚了桃花节、农民丰收节、秸秆艺术节等四季主题,开展了草坪电影、篝火晚会、轮胎创意大赛、稻田音乐会等系列活动。海沈村还打造了"十二工坊"系列——"又见老八样""阿婆点心坊""乡间酒坊""屋里厢咖啡""外来星画坊"等工坊覆盖吃喝玩购服务,将具有浓郁乡愁的"海沈记忆"带给游客。

(3)社区生活。在乡村社区生活圈建设的过程中,海沈村围绕原住民、新村民、往来游客的需求,通过改造盘活存量资源的方式,打造民生服务的空间,并吸引多方共同参与建设宜居、宜业、宜游、宜学、宜养的乡村社区共同体。在海沈村,大大小小的景观随处可见。废旧轮胎做成的创意装饰点缀在村里的角落,构成了独特风景;用钢管、轮胎等焊接而成的巨型自行车雕塑,诉说着村里走出奥运冠军的故事。海沈村挖掘奥运精神,推进"生态、生活、生产"三生融合,同时推进"海沈、桥北、远东"三村连片的乡村振兴示范区建设,打造宜居宜业宜游的田园综合体。在2021年上海城市空间艺术季中,海沈村作为参展样本社区之一,以"新时代新乡村新生活"为主题,打造"1+9+X"的多维度沪乡生活新体验,向市民游客呈现沪乡村民的美好乡村社区生活。

(4)"创客"集聚,共同开创未来。海沈村"十二工坊"集聚了众多追寻梦想的身影,外地的年轻人与重归故里的海沈人共同在这片希望的热土开创未来。"屋里厢咖啡"为乡村田园生活注入咖啡香味。"又见老八样"的店主有着烹饪本帮菜的好手艺。"阿婆点心坊"主打乡间小食,是儿时的记忆,也是乡愁的味道。每逢周末或者节假日,点心坊常有游客慕名而来。海沈村不断引入乡村规划师、设计师、运营师以及乡村创客。目前,惠南镇乡村社区生活圈和乡村振兴示范区已累计吸引30余家企业和个人实体入驻,调动了企业、创客和村民参与乡村振兴的积极性和主动性。越来越多的人怀揣着梦想,走进乡村、回到乡村,并留在乡村参与建设。

二、乡村文化振兴的体制机制改革与保障

(1)乡村规划。海沈村坚持规划先行、科学制规。海沈姑娘钟天使与队友在里约奥运会场地自行车女子团体竞速赛中独占鳌头,实现中国自行车队奥运金牌"零的突破",并在半决赛中打破世界纪录。以此为契机,《惠南镇乡村振兴示范区产业发展规划方案》以海沈村为核心,以自行车骑行道路为纽带,对海沈的乡村振兴示范区的产业发展系统规划:打造"骑迹乡村自在惠南"骑行文化线路,在示范区内建设15千米乡野自行车骑行道路,贯穿海沈、桥北、远东三村;发展"田园乡野趣味骑行"乡村旅游项目,通过"乡村道路"建设,打造海沈村的生态路、文化路、产业路、旅游

发展路;引导自行车运动产业及运动营养食品产业;整合环境要素、产品要素及文化要素;统筹农业生产空间、闲置宅基地、村级配套设施、休闲运动场地;搭建政府、村集体、企业、创客、游客五方共建平台;激发海沈、桥北、远东、长江、陆路、塘路六村联动机制。

(2)基础建设。海沈村合理设计建设路网系统和桥梁;村内所有沥青道路均已安装路灯,主干道路安装综合安全治安探头;村内有8个公交站点,惠南3路、1079路两条公交线路经过村庄;村庄配备了3座垃圾分类收储站,主干道路上配备垃圾桶,每家每户分发垃圾分类桶;新农村建设时,完成大部分排污纳管系统改造;村域内有4个信号塔,实现移动电话信号覆盖全村;积极稳步推进"农民相对集中居住"计划,实现农民相对集中居住,根据实施计划稳步推进。同时,海沈村利用村集体土地,建设了海沈桃花源、自行车文化公园、党建绿地等公共绿化空间,创造邻里间和睦交往、和谐沟通的舒适环境,增强乡村村民凝聚力和民众认同感。

(3)生态环境。美丽乡村示范村创建以来,海沈村实行"美丽乡村"建设与基层党建"双推进",找准"美丽乡村"建设与基层党建工作的结合点和着力点,打出"组合拳"。在镇党委的推动带领下,进一步加大环境整治力度,提升乡村环境卫生规范化和精细化管理水平。

①水系整治。海沈村水系发达、水网密布。近年来,海沈村完成了全村87条河道的河道疏浚、淤泥清除、增加河道绿化等工作,5组河道完成了"水系生态修复"工程,重点整治了居住区内3条臭水河道及河浜。清淤疏浚后,河道畅通,主要河道建有护坡,河道两旁种植绿化覆盖,河岸景观整洁美观。

②污染治理。污染企业整治方面,海沈村将"五违四必"环境综合整治工作纳入常态化管理,通过不懈努力,拆除违章46 984平方米,实现"五违"零增长。村容环境整治方面,集中力量积极开展以"四清"(清垃圾、清杂物、清残垣断壁、清庭院)、"四化"(净化、绿化、亮化、美化)为主要内容的村庄居住环境综合整治行动。生活污水处理方面,已完成大部分排污纳管系统,并建设污水泵站。农业生产废弃物资源化利用方面,海沈

村建立了较完善的农业废弃物资源化利用和处置体系。图3-2为海沈村的塘路。

图3-2　海沈村的塘路

第二节　传承非遗活态，共建美丽乡村：
上海市浦东新区新场镇新南村

千年古镇新场之南，有个富有桃源水乡风貌的村庄——新南村。作为以"土布"为重要文化遗产的乡村，新南村是上海乡村治理过程中的一张亮丽名片，也是我国乡村振兴示范村之一。新南村抓住"土布"非遗优势，积极打造创新活力环境，激发居民生产动力，促进乡村高质量发展。此外，新南村凭借着天然的禀赋优势，大力发展乡村新产业，扩大乡村产业规模，促进乡村振兴。

一、发展概况与文化资源

（一）历史沿革

新南村境域成陆至今已逾1 000年。唐天宝十年（751年），唐王朝决定将海盐县东北境、嘉兴县和昆山县南境划出部分地区置华亭县。今新南村境域隶属华亭县长人乡。华亭县隶属江南东道吴郡。唐至德二年（757 年），吴郡改名为苏州，华亭县隶属苏州。五代后梁开平二年（908 年）至北宋建隆元年（960 年），华亭县隶属吴国苏州（秀州）。北宋建隆元年（960 年）至靖康元年（1126 年），华亭县隶属两浙盐运司署，隶属关系不变。南宋绍兴二年（1132 年）起，华亭县由浙西路秀州管辖。南宋宁宗庆元元年（1195 年），秀州改为嘉兴府，华亭县自此隶属浙江道嘉兴后松江府。元至元二十八年（1291 年），朝廷析华亭县东北黄浦江两岸之地设置上海县。时上海县辖高昌、北亭、新江、海隅、长人 5 个乡。新南村境域随长人乡隶属上海县，上海县隶属松江府。清顺治二年（1645 年）至康熙六年（1667 年），江南布政使司（即江南省）分为江南（江苏）、安徽两省，上海县隶属江苏省辖下的松江府。清雍正四年（1726 年）长人乡从上海县析出建南汇县。原长人乡分为上、下两乡。乡以下保留原来的保、区、图建制。自雍正四年（1726 年）起，新南村境域的隶属关系可分为清代、民国时期和中华人民共和国成立后三个时期。清代，新南村境域属南汇县长人乡十九保八十七图、五十七图（曹家桥西）、五十九图（马家桥）。民国时期（1911 年至 1949 年 9 月），新南村境域隶属江苏省南汇县下乡十九保五十九图。民国十六年（1927 年）至民国二十三年（1934 年），新南村隶属南汇县七区新南乡。民国二十三年（1934 年）至民国三十六年（1947 年）（保甲制时期），新南村域仍隶属南汇县七区新南乡。

中华人民共和国成立后，1949 年 11 月 2 日，新场区人民政府成立，下辖新场镇和新南、长春、新建、新生等 12 个乡。1950 年 5 月，行政区划重新做适当调整时，新南村仍隶属新场区新南乡。1956 年 2 月，行政区划重新调整，新南乡原马桥、坝桥、曹桥区域的农户与航南乡部分区域农户合并为新航南乡。原杨辉、潘桥区域为新南一社。1958 年 9 月至 1959 年 3 月，新南村隶属于江苏省（1958 年 11 月，南汇县由上海市管辖）南汇县新场人民公社一营。1959 年 4 月，营建制撤销，设新南生产大队，辖十个生产队一个中心场。1959 年 7 月，新南生产大队建制撤销，分设曹桥生产大队、杨辉生产大队、新西生产大队。1977 年 11 月下旬起，大治河开挖。1978年1月,增设大治、新南两个生产大队,行政区域有所调整。原曹桥生产大队辖8个生产队,新南生产大队辖7个生产队,大治生产大队辖9个生产队。原大治生产大队刚成立时,大队、工区二级管理制试行,两年后,以队为基础的三级管理体制恢复。

　　1984年4月,设乡、村建制。新南生产大队改为新南村,曹桥生产大队改为曹桥村,大治生产大队改为大治村,均隶属上海市南汇县新场乡。1994年5月,原新场乡、原新场镇建制撤销,建立新的新场镇,新南村、曹桥村、大治村都隶属上海市南汇县新场镇。2001年8月,南汇县撤县建区,新南村、曹桥村、大治村隶属上海市南汇区新场镇。2002年7月,原新场镇、坦直镇建制撤销,新的新场镇建立。新南村、曹桥村、大治村隶属新的新场镇。2002年11月,原新南村、曹桥村、大治村建制撤销,新的新南村建立。新南村隶属上海市南汇区新场镇,辖24个村民小组。2009年8月,南汇区整体并入浦东新区,新南村隶属上海市浦东新区新场镇。图3-3为上海市浦东新场镇新南村。

图3-3　上海市浦东新场镇新南村

(二)人口与经济发展情况

　　新南村于2002年11月由原新南村、曹桥村、大治村合并而成。新南村位于北纬 31°03′,西南与航头镇的海桥村、奉贤区泰日镇的周家村隔河相望;北邻大治河,东与王桥村隔河相望。全境东西长 2.01 千米,南北为 2.015 千米,总面积为 4.05 平方千米,境内有 24 个村民小组。至 2018 年,全村有户籍村民 1 283 户,总人口为 3 082 人;户籍人口有 2 936 人,其中男性为 1 184 人,女性为 1 752 人;有非农人口 1 340 人,农业人口 1 596 人。

在"发展才是硬道理"这一思想的指引下,新南村境域内的原各村及时抓住机遇,创办村级企业,引进民营企业,在为民多做实事好事的同时,建设美丽乡村。

2003 年 6 月,上海振良有限公司有意在新场镇开发生态林项目。在同新场镇政府达成共识后,新南村积极配合做好涉及集体利益和村民个人利益的各项工作。大治河生态林工程涉及 2 个村民小组与 2 个园艺队的农田,面积共 124.73 公顷。新南村撤制 7 个村民小组,撤制村民小组人员可按比例转为非农业人员,到达退休年龄时,均可享受退休金,即以土地换养老。大治河生态林区域整体撤制的 7 个村民小组中,有非农业人员 743 人。非农业人员在正式退休前 2 年,男、女村民都可领取每月数额相同的过渡养老金和一定数额的急诊诊疗费。2003 年 12 月,涉及大治河生态林的各组农户都在流转承包土地征询表上签字,同意流转出承包地。2004 年 1 月,新南村村民委员会与各农户签订土地承包权流转协议。除给承包户办妥土地流转的有关手续外,村民委员会还同生态林区的有关企业、种植户签订动迁补偿协议。上海振良有限公司聘请上海绿化园林公司负责人现场勘查开始生态园林种植。2016 年 4 月 16 日至 5 月 15 日,镇、村同心协力,办理大治河生态林工程农户住房动迁手续。

在建设美丽家园、推进新农庄改造的过程中,新南村村民委员会依据中国共产党和人民政府的有关政策规定,对占用的土地也按比例确定非农业人口数量。凡非农业人口,男满 60 周岁、女满 55 周岁,都可享受小城镇养老金。至 2017 年,除涉及生态林业村民小组以外,其余 17 个村民小组符合条件的均可享受小城镇养老金。至 2017 年,新南村共办理小城镇非农人员 1 340 人。为改善村民住房条件,新南村村民委员会经新场镇、浦东新区有关部门批准,于 2013 年择址为第 23 村民小组建造农民新村。农民新村南近唐曹路,东临奉新港、奉新公路,北、西为村民承包地。农民新村建设用地面积约为 22.8 公顷。2013 年 6 月 8 日,农民新村点开工。2016 年,新村点有申请获批农户入住。农民新村点设计合理,道路宽敞平坦,环境花木错落有致。新南村文化室、图书室、乒乓球室、文娱活动、排练室配套齐全。

(三)乡村建设和人文风貌

(1)乡村建设。新南村立足乡村资源禀赋,依托古镇文化优势,明确"古镇水乡、桃源新南"的发展定位,以"乡创＋"为路径,通过聚焦人才振兴,驱动乡村产业、文化、生态、组织的全面振兴,全力打造富有江南水乡风貌、古镇文旅特色的乡村振兴示范村。立足"非遗"资源,以文创为载体,以"非遗土布"为抓手,弘扬传统文化,服务并带动村民居家就业。尤其是新南村的"导师＋村民＋居家"就业方式,帮助妇女姐妹们实现家门口就业,做实做亮土布乡创品牌。新南村以"乡创＋"为路径,建成上海市第一个乡村创客中心,吸引越来越多的年轻人回乡创业就业。上海新南乡创学苑正式对外启用,成为乡村人才培养和乡创产业孵化的平台,为上海乡村振兴建设探索新路。

(2)人文风貌。按照浦东新区中部乡村振兴示范带规划要求,新南村以"乡创＋"为路径,以乡、创、文、旅为主线,发展乡村的新风貌模式,推动古镇和乡村联动发展,提升村民的满意度和幸福感。古镇和乡村联动,文创和乡创融合,一批活跃在新场古镇的文化人、创业者也纷纷来到新南,开发本地美食老八样、新八样,建起乡村民宿和人才公寓,带动村民增收致富。

新南村以青年返乡为动力,通过盘活、赋能、融合等手段,探索乡村文旅特色的新产业新业态,逐渐形成并呈现"乡创新南模式"。乡创是一种全新的探索,若能优化农村人居环境、拓展产业融合路径、提升村民的幸福感,就值得试一试。

二、乡村文化振兴的体制机制改革与保障

(1)重视人才兴村,扩大乡村经济规模。乡村振兴,关键在人。新南村在推进乡村振兴示范村创建的过程中,把人才作为第一资源,通过人才振兴,驱动产业、文化、生态、组织的振兴。2019年,新南村成立了上海市人社局命名的全市首个乡村创客中心,因地制宜、因势利导,搭建人才培养、项目孵化平台,为乡创人才提供从学习、生活到创业、就业的一站式服务。强化创新创业保障,采用"政企结合、市场主导"的投入运营方式,成立新场乡创公司,积极发展乡村产业新业态、新模式;新建乡创孵化中心、乡村振兴促进中心、乡创学苑和乡伴创客公寓,为青年创新创业提供一站式服务。新南村聚焦人才振兴,充分利用高科技现代农业加持,走科技兴农之路。新南村有1 000亩桃林,主栽的"新凤蜜露桃"品种曾获得农业农村部金奖。新南村通过举办上海桃花节活动,打造"桃荟新南"乡创空间,延伸桃产业,从育桃、种桃、赏桃、品桃、售桃、桃深加工、桃衍生品、桃文化、桃美食、桃研发10个方面拓展,赋能桃全产业链,让"桃文化"带动"桃经济"。

(2)乘数字优势之风,振兴产业发展。打造"浦农优鲜"全区首个乡村旗舰店,发挥新场桃顺农业合作联社平台优势,整合全镇优质农产品资源,形成销售、经营、生产一体化的产业联合体,引导农民走科技农业、精品农业、品牌农业之路。在建设美丽乡村的道路上,新南村居委本着弘扬科学、传播文明、服务群众的宗旨,积极探索科普工作新思路、新举措,创新科普理念和服务模式,有条不紊开展科普工作,以实际行动带动全村参与全民科普,不断提高村民的生活质量和文明程度。为进一步强化村民科教意识,新南村村委利用各种渠道完善科普宣传设施建设,通过打造村墙体文化、购置科教必需品充实农家书屋、增设便民健身场所、举办戏曲演出等娱乐活动,将科学文化知识、科学生活方式带至村民身边,在丰富村民精神文化生活的同时,提升村民科学文化素质。

　　(3)创建文旅特色品牌,展现新南特色魅力。2020 年 4 月,新南村被列入上海市第三批乡村振兴示范村创建计划。按照浦东新区中部乡村振兴示范带规划要求,新南村以"乡创＋"为路径,以乡、创、文、旅为主线,发展乡村产业新业态、新模式,推动古镇和乡村联动发展,全力打造兼具江南水乡风貌、古镇文旅特色的乡村振兴示范村。开展乡村文旅体验,通过古镇和乡村联动,推动一、三产融合发展,实现农业转型升级。新南村 2 条"古镇＋乡村"文旅游线路同步开发了旅游小程序。同时,结合上海桃花节、古镇文化体验季等活动,开展亲子、美食等乡村体验活动,联合驻村创客开展"乡创助农"活动,带动农产品的销售,实现村民增收致富。新南村依托毗邻千年古镇的区位优势,承接古镇文化溢出效应,聚焦"乡创＋文创"叠加反应,为乡村振兴注入文化动能。实施"艺术家进乡村"计划,引进文化人才,发展乡村艺术,实现文化为乡村赋能,探索艺术家工坊＋民宿、土布乡创等新业态,打造乡村文化空间和创意秀。

　　(4)增强居民生态意识,推动实现高质量乡村振兴。实施生态循环农业项目,推广以南德合作社为代表的生态循环农业技术,做到农业垃圾不出村、再利用。开展"非遗＋居家就业"项目,在区妇联支持下,打造浦东非遗"土布乡创基地",带动村里的下岗服装女工重拾技艺,实现居家就业。以桃产业为核心,依托浦东品牌瓜果产业片区(南汇水蜜桃新场示范基地)项目建设,采用绿色生态可持续创新技术,把先进优质的水蜜桃种植模式传授给广大农民群众,建设培育、种植、管理、销售一体化产业体系,解决乡村富余劳动力就业问题,助推乡村振兴发展。

第三节　都市革乡韵,田园新江南:上海市闵行区浦江镇革新村

　　革新村是"全国乡村旅游重点村""中国传统村落"和"历史文化名村"之一,被闵行区定位为"田园文化旅游示范村"。革新村能较为完整地反映上海近郊乡村的传统风貌和地方特色。

一、发展概况与文化资源

(一)历史沿革

革新村位于上海市闵行区浦江镇东部,东北侧临浦东新区周浦镇,南与浦东新区航头镇接壤,地处三镇交汇处。其西北向距浦江镇中心约4.5千米,北向距上海市中心约19千米,西南向距浦江郊野公园约6千米。

截至2019年6月,革新村全村户籍人口为2 437人,其中农业户口为1 056人,非农户口为1 381人。全村常住人口为3 887人,外来人口占37.3%,本地人口老龄化程度较高,60岁以上老年人占比为34.2%。

革新村是具有深厚积淀的历史名村,尤以坐落于村内的召楼为著。召楼又称召家楼、召稼楼,根据史料记载,它于元大德年间(1297—1307年)形成村落,兴起于明嘉靖、万历年间,距今已有800多年的历史,是古代浦东的垦荒中心。相传宋末元初,谈氏家族为了垦荒召耕在此建造钟楼,人们集居而成集镇,古镇召稼楼由此得名,明清时期其曾是浦东繁华名镇。名人张闻天、黄炎培、曹汝霖等都曾在此读书。清光绪《南汇县志》称,召稼楼镇"跨王家浜为市,商店六七十家,居民百余户,水道四通,航行称便。奚氏列第相望,书香不断,称望族焉……"图3—4为上海市闵行区浦江镇革新村。

图3—4 上海市闵行区浦江镇革新村

革新村辖区内的召稼楼古镇有着 800 多年的历史,为国家 4A 级旅游景区。2018 年革新村被列为上海乡村振兴示范村之一,也是闵行区首个乡村振兴示范村。在乡村振兴示范村创建中,革新村将集建区外的村庄进行归并,形成相对集中的两个归并点,打造有田园、有水景、有乡宅、有古迹,保留村落肌理的、离城市不远、离乡村很近的都市村庄。在此基础上,革新村推出了民宿、文创和养老"三位一体"的产业导入发展项目,建立合作社联盟机制,依托召稼楼古镇资源,因地制宜地打造农旅、文旅项目。

(二)乡村人文风貌

革新源自"革新建业"。革新村的古训为"诗礼继世、耕读传家、仁礼进取、励志养德",乡魂为"勤劳实干、创新生活、守望相助、共建家园"。革新村的四大家族、四大特产、非遗项目、文物古迹等,构建了深厚的历史文化底蕴。

(1)人文历史。革新村的人文历史极为深厚,这里有上海城隍秦裕伯、淞浦合流第一人叶宗行、为官清正的明代工部右侍郎谈伦,不畏强权的清代监察御史施维翰,及教育家、文学家秦荣光、秦锡田,抗日先锋顾振等,名人辈出。

(2)建筑历史。除人文历史外,革新村中的召稼楼古建筑文化底蕴极为深厚。召稼楼古镇曾属南汇县,历史上颇有影响,工商业较为繁荣。其被划归上海县后,虽位居边沿,但景象依然,保持着原始乡村的完整风貌,不仅老街古风犹在,而且许多古老的代表性建筑及遗址没有损毁,尤其是整条南街和沿河的街道基本上保留着历史原貌。礼耕堂、广智学堂故址、梅园、宁俭堂等宅第及楼宇雕龙画凤,庭院古味醇厚。因此,保护性修复开发召稼楼具有现实性和典型性。

此外,本地的古建筑还包括赵元昌商号宅院、道南桥、奚家恭寿堂住宅、益民桥等。

(3)社区及文旅活动。革新村在乡村振兴过程中,以推进农民相对集中居住为中心,建设革新美丽家园;以文创产业带动农旅发展为重心,建设革新绿色田园;优化村庄生态空间,带动新农村文化、文创、文旅联动发展。

①非遗。以本地区的非遗项目为依托,传承活态非遗。革新村将其所拥有的国家级非遗项目"沪谚",及闵行区非遗项目"浦东家宴老八样""端午文化节习俗"和"召稼楼三宝"等融合在旅游节庆活动和文创体验中,传承历史文脉。

②文创。以农耕文化为基本,文创产业根于本土、服务于群众。向云端发展,注重文化与科技结合。将文化体验与文化工作室融合,提供日常文化休闲服务。革新村的文创产业既有古典茶楼体验、轻餐饮等,也有画坊画展、文玩玉器的观赏品鉴,还有美术写生、刺绣剪纸、亲子陶艺等体验活动,及老布"帛叠"、海上酥窑、"谈笺"(明代造纸工艺)等体验。

③民宿。打造"凡舍小筑"民宿品牌。让游客在繁华的上海都市中体验闹中取静,在静谧的乡村民宿中体会海派文化。民宿装修以古典风格为主,古典风格中融入田园自然元素;部分建筑内部装修融入适当的欧式元素,以满足不同类型消费者的需求。

④合作社。域内多家主要合作社共同协作,形成产业销售经营联盟。合作社的特色产品包括"浦江农产"品牌项目"亮苗牌"大米,方圆的红心火龙果、冬桃,阅乡的樱桃,盛誉田的猕猴桃、翠冠梨、水蜜桃等。

⑤文旅走廊。打通革新村—古镇—郊野公园—长寿禅寺旅游免费支线,途经地铁8号线,为上海市民提供更优质的旅游服务。开发古镇、公园、民宿三位一体的旅游体系,使游客感受民间风土人情、古镇情怀及自然郊野风光。

⑥养老。革新村1号归并点(黄家宅)建有2 500平方米的村级优质养老院,床位数为50余个,主要采取互助式养老模式。图3-5为革新村的宅第。

图 3-5　革新村的宅第

二、乡村文化振兴的体制机制改革与保障

革新村按照乡村振兴示范村创建标准,以古镇文化为核心,打造集生态美、布局美、色彩美、文化美、和谐美、内涵美于一体的美好家园,探索革新兴业之路,不断增强人民群众的获得感、幸福感、安全感。

(1)注重传统文化的传承。挖掘革新符号,征集确定村花为向日葵,谱写发布村歌《葵花向阳》,创编沪谚版《村规民约》《垃圾分类》。创编革新好人好事、乡贤乡风乡情群文节目,如女生表演唱《老土布新山歌》、沪剧小戏《美丽乡村我的家》等梳理革新 8 个不可移动文物保护点,收集并展示农耕农具器物。新建村史馆"革新建业馆",将老仓库改建为村民活动场所"文化客堂间"。打造"革新文创工作室",对接国际化标准,宣传老布"帛叠"、海上酥窑、"谈笺"等传统元素。

(2)注重文旅特色打造。一是打造文旅走廊。在交通上,沿沈杜公路打通革新村—农业合作社—古镇—上戏—郊野公园—长寿禅寺旅游支线,依托浦江郊野公园和长寿禅寺现有资源,结合 2024 年 9 月入驻的上海戏剧学院电影、创意学院,畅通浦江文旅廊道。二是盘活民房资源。通过古镇公司委托管理,统一培育引进健康养老、文创、产业和精品民宿等新业态。目前革新村已盘活归并点内 61 幢(23 幢样板房＋38 幢托管房)闲置民房资源,实现集体资产保值增值。

(3)注重一、二、三产融合。一是重点打造古镇二期开发。以古镇文化为核心,加速引进市场主体参与革新乡村振兴和古镇二期开发。二是推进农业产业转型升级,以特色农业带动旅游发展,培育合作社休闲旅游名片。积极发展创意农业、休闲农业、乡村旅游业等新业态,打造采摘、亲子体验、观光、科普等项目以吸引客流。

目前,革新村依托村内的国家 4A 级景区召稼楼古镇,正在创建申报国家 3A 级景区。引入第三方优质资源,利用好已盘活归并点内的闲置民房资源,通过村集体土地作价入股、古镇公司提供空间资源、市场化公司资源导入等方式,实现集体资产保值增值。通过归并腾出的 1.93 公顷商服用地,建立合作社联盟,结合本地区民宿、文创产业等,有效促进农民长效增收、村级经济长效发展。通过归并点闲置房屋托管经营,古镇公司进行托底,保证每年实现户均收入 7 万元;在召稼楼古镇周边免费提供革新村村民自产自销疏导点 50 个,鼓励村民制作传统特色小吃,如塌饼、汤圆等,依托前店后工厂、前店后菜园等方式促进村民增收。

第四节　稻田里的研发中心,在产业融合中传承弘扬
本土特色文化:上海市嘉定区安亭镇向阳村

嘉定区安亭镇向阳村于 2017 年开始启动美丽乡村建设,2018 年其被列入上海市首批乡村振兴示范村创建名单,2019 年 7 月,其成功通过上海市乡村振兴示范村创建验收。2021 年 8 月,向阳村获评第三批全国乡村旅游重点村。其将现代科技元素融入农家传统文化,堪称“稻田里的研发中心”。

一、发展概况与文化资源

(一)历史沿革

向阳村位于安亭镇境内西北角,占地 2.2 平方千米,东临外青松公路,南与昆山市花桥镇交界,西靠徐公浦,北近沪宁铁路。该村具有江南水乡特色,巷道纵横交错,小桥流水,水陆交通方便。当地主要生产稻棉、油麦等农作物。

关于向阳村地名的来历,据传其以前称肖浜,因境内有肖浜河而得名。明朝后,由于战乱纷争,来自常熟、昆山等地百姓集聚于此,安营扎寨,垦荒种地,渐成规模。

根据清宣统元年(1909 年)绘制的地图,向阳村为十一、十二保,下设高家桥、鸡鸣塘、顾家、庙泾、徐公、张泾、沈家、河东、邱步、清河十个村。在当地,因肖与骚近音,故后来其改名为向阳村,意喻面朝太阳、生气勃勃(1968 年 4 月,肖浜改名为向阳大队,寓意为肖浜人民心向红太阳。1987 年,其改名为向阳村,并沿用至今)。

2019 年 12 月 24 日,入选全国乡村治理示范村名单。

2021 年 8 月 25 日,入选第三批全国乡村旅游重点村名单。

2021 年 10 月,被命名为 2021 年全国示范性老年友好型社区。

2021 年 11 月 12 日,入选农业农村部办公厅公布的 2021 年中国美丽休闲乡村名单。

(二)乡村文化资源

(1)鸡鸣塘传说流传至今。向阳村至今流传着不少动人的传说,其中包括鸡鸣塘和虎啸桥。关于鸡鸣塘,传说唐僧师徒上西天取经路经此地,正值三伏天,猪八戒因多吃了村民的西瓜,想为村上开条河,作为谢礼。唐僧闭目合掌一算,说:"这里开不成河。"猪八戒不信,跑村后变成一只小山似黑猪,呼哧呼哧用鼻拱地,很快身后出现了一条河。正当八戒得意扬扬回村时,随着一阵鸡鸣声,长河突然合拢。猪八戒急得一屁股坐下去,留下一个大泥塘,后人把此塘称作"鸡鸣塘"。

还有另一个传说。三国时期,蜀国刘备发兵攻打东吴孙权,经过这里的荒野湿地,无法前行。丞相诸葛亮命大将关云长带兵夜间开河。关云长受命,立即开挖,可总挖不到头。眼看天色将白,关云长一急之下,拖着大刀,沿着开挖方向策马飞驰。突然,四周响起鸡鸣声。关云长一看,身后竟出现一条宽阔的河流,此为"鸡鸣塘"。

(2)石桥、庙与古银杏。向阳村曾有一座石拱桥,即"虎啸桥"。史料记载,之前在安亭周围地区曾出现过老虎踪迹。在一个明月高照的深夜,有人在村里听到老虎的叫声,推窗一看,果然见一只威猛无比的老虎站在石拱桥顶面朝东方长啸。从此,当地人把此桥称为"虎啸桥"。后来,虎啸桥终因年久失修而倒塌。

古时候安亭地区建有不少庙宇,并在周围种上象征长寿的白果树(银杏树)。至今,在安亭仍有一棵被编为0001号的上海"银杏树王",其历经岁月沧桑,仍然枝繁叶茂。向阳村曾建造了一座颇具规模的土地庙,占地两亩,是当时安亭地区最大的土地庙。人们除焚香祭拜外,还举办各种庙会。1945年10月,安亭人民为庆祝抗战胜利,在此举办了有史以来最为盛大的庙会。人们着新装,敲锣打鼓,舞龙灯、踩高跷、看大戏,出行队伍一眼望不到头。可惜此庙在"文革"中拆除。庆幸的是,附近一棵距今300多年历史的银杏树依然保护完好。

(3)农林牧副渔齐发展。新中国成立后,向阳村告别了过去单一的稻棉、油麦耕种模式,农林牧副渔全面发展。特别是改革开放后,村里先后办起了鸵鸟场、白果林、畜牧扬、养鱼场、葡萄园、猕桃园、珍珠养殖场。其中,鸵鸟场是当时上海地区唯一大型养殖基地;猕桃园生产的猕猴桃因个大、品相好、甜度足而被评为全国金奖;村民家家饲养长毛兔,数量、产量位居安亭镇各村之首,村级经济飞速发展,个人收益大为提高。

村里还涌现出了木匠、篾匠、泥瓦匠、修理匠等民间能工巧匠。陆殿彬是新中国成立初期第一代篾匠传人,他手艺精湛,高徒累出。他制作的竹椅、竹席、竹凳、竹篮、竹耙、竹蒸笼、竹扫帚、竹畚斗、竹畚箕、竹箩筐、竹扁等因质好美观而享誉四邻八乡。村民杨金华通过刻苦钻研,自学成才,成为建筑工程师。在上海市实行技术等级制度后,他于首批获得了二级制造师资格证书,并担纲了很多工程项目,如世纪联华安亭店、安亭劳动服务所都是他的作品。其中,世纪联华还获得了"嘉定杯"优质工程奖。今年97岁的庄秀英老人早年是村里的一位巾帼生产能手,曾获"上海市三八红旗手"荣誉称号。

(4)乡风文明人才辈出。向阳村是一个多姓聚居的自然村,林清水秀,环境优美,乡风文明淳朴,邻里相处和睦,被誉为长寿之村。据统计,全村1 350人口中有近15位90岁以上的老人。同时,当地人延续耕读并重之风,浓郁的文化气息浸透着全村每个角落。20世纪40年代初,村里通过自筹资金办起了第一所小学(起初叫庙泾小学、清河小学,后改名为向阳小学)。1987年,学校规模不断扩大,开设了4个年级班。进入21世纪初,向阳小学并入安亭镇中心小学。

向阳小学创办以来,曾为国家输送和培养了很多优秀人才。早在20世纪五六十年代,陆光惠、徐永福、朱爱琴3名农家学子就以优异成绩分别考入了上海交通大学、上海海事大学和华东师范大学。据不完全统计,改革开放后,村里有五十余人考上了全国各大专院校,其中包括清华大学等重点大学。

此外,在耕读传家文化传统的影响下,一些村民还通过自身努力,成为文学创作、地方志研究的"草根专家"。村民唐友明是中国散文家协会会员,多年来,他创作发表了大量文学作品并多次获奖。他的代表作主要包括散文集《枫林秋深》,诗集《秋深枫叶红》《父亲的流水作业》等。他还撰写了许多有关家乡的地方史料,如《安亭起源》《归有光在安亭》等,成绩斐然。唐友明还先后多次参加全国性笔会。

二、乡村文化振兴的体制机制改革与保障

依托安亭镇与敏实集团的汽车产业优势和华章文旅集团在美丽新农村建设方面的成功经验,向阳村打造涵盖汽车智能集成部件创新研发、生态农业、种苗研究、人才社区、稻田美术馆、自然教育、农文旅等产业内容的"稻田里的研发中心",将成为集科技创新、现代农业、休闲文旅、人才集聚于一体的长三角科技创新企业带动乡村振兴一、二、三产融合发展、农民文化素质提升、生活质量提高的示范性项目。在保留当前田间作物、水系河道、园林生态、历史建筑的前提下,向阳村充分融入智能化未来科技,打造示范性未来农旅村庄。

一是充分挖掘绿色生态文化。通过深入挖掘"银杏文化",打造郊区规模最大、建园最早的绿色生态园——700亩市级林业示范工程银杏生态园,增强林地复合功能,打造可供游人漫步欣赏的银杏步道。围绕"银杏"主题,打造健康长寿村。挖掘"银杏文化""健康文化",探索安亭药斑布等非遗手工艺在乡村的传承保护。

二是大力弘扬乡村艺术文化。向阳村地处上海淞北平江文化圈之内,教化传统风气浓郁,士绅文化突出。以"向阳蝶变—寻梦之旅"为主题打造向阳村史馆,将向阳村的历史传说、百姓故事、发展脉络,以图文并茂、声影结合的方式向游客娓娓道来,了解向阳村的昨天、今天和明天。借助村落沿袭的特色书香礼仪等文化主题,建设木作馆、陶艺馆、桑麻馆、手作食品馆等文化手作展示空间,在增强乡村艺术吸引力的同时,充分继承传统文化,发扬传统匠意精粹。

三是持续厚植稻田农耕文化。长江流域自古就是农耕文化的发祥地。向阳村一直传承底蕴深厚的农耕文化,依旧保留有大片稻田。依托水稻种植特色,建设稻米谷仓研学基地,充分发挥农耕文化的独特魅力,让老年人看新事物,让新一代看老传统,将农耕文化与向阳村独有的江南文化更好地传承,展现新时代新农村新景象。主打体验经济和即食农产品销售,提供从田间地头到餐桌的全过程真实场景,通过观察农产品种植、成长、收获,展示加工过程,将农耕的全过程和场景呈现在游客面前,增强游客的参与感和体验感。同时,利用原有的农用烘干机房,在南侧保留原来稻谷烘干及碾米的功能,为游客特别是生活在城市里的孩子提供农耕文化体验。借助"蓝印花布""草头塌饼""向阳米糕"等一系列具有文化特色的产品,向游客提供具有向阳特色的农旅文化体验。图 3－6 为向阳村稻田、样板区。

图 3－6　向阳村稻田、样板区

第五节　党建引领贯穿乡村治理,打好乡村治理组合拳:上海市宝山区罗泾镇塘湾村

塘湾村是"'四个 10'先进典型最美志愿服务社区(基地)"和"上海市首批 9 个乡村振兴示范村"之一,能较完整地反映上海乡村的基层治理现状。

一、发展概况与文化资源

(一)发展概况与历史沿革

塘湾村位于罗泾镇北部,东至新陆村,西以嘉定界泾河为界,南与新苗村相邻,北和新陆村、洋桥村相连。村内主要道路有沪太路、北蕰川路、集宁路、沪新路、宁沈路、宁东路,主要河流有荻泾河、潮塘河。塘湾村委会设在张沈宅。塘湾村以其境内东西塘湾宅得名,新中国成立初期分别隶属于民众、解放、联合、民主四个行政村,1956 年属洋桥第二、第三大队,1959 年才归并为洋桥第三大队,属罗泾公社,1960 年改称塘湾大队,1962 年今塘湾村韩家宅、顾家宅从洋桥大队划入塘湾大队,1984 年撤大队改称塘湾村,属罗泾镇。塘湾村由自然村张沈宅、汤家宅、瞿塘宅、西塘宅、东塘宅、东陈宅、西陈宅、韩家宅、顾家宅、卢家宅、夹套宅组成。塘湾村行政区域面积为 1.56 平方千米,现有村民小组 11 个,村民总户数 376 户,户籍人口 1 250 人,党员 70 人(在职 19 人、退休 51 人)。塘湾村拥有耕地 1 680 亩、粮田 850 亩、林地 750 亩、鱼塘 8 亩、畜禽场 10 亩。塘湾村 2011 年集体经济可支配收入为 75 万元,2011 年农民人均纯收入为 7 880 元。

塘湾村历来注重村容建设、队伍建设、阵地建设和民生建设,近年来先后荣获 2017 年全国文明村称号、上海市 2017 年度美丽乡村示范村称号、2016—2017 年度宝山区志愿者服务"四个 10"先进典型最美志愿服务社区(基地)称号、2018 年宝山区精细化管理先进集体称号。其 2019 年被评为全市首批 9 个乡村振兴示范村之一,2020 年被评为全国乡村旅游重点村,2021 年被评为全国民主法治示范村(社区)。图 3—7 为上海市宝山区罗泾镇塘湾村。

图 3—7 上海市宝山区罗泾镇塘湾村

（二）乡村文化资源

（1）自然资源。塘湾村水系资源丰富，2条区级河道荻泾河、界泾河贯穿南北，2条镇级河道毛塘河、南潮塘分布东西，20余条村级河道纵横交错，展现了独特的江南水乡风韵。萱草是中国传统的母亲花，目前塘湾村已建成母亲花文化园并成功举办全国首届萱草文化、育种与应用研讨会。塘湾村40％的面积被森林覆盖，郁郁葱葱，树木种类包括香樟、枫树、黄山栾树、七叶树等，形成一个天然氧吧，这也成为塘湾村独一无二的优势。

（2）特色风貌。塘湾村村落肌理保存得非常完整，水清、田秀、林逸、路幽、舍丽。村内农、林、路、河、塘、宅布局合理，景色秀美，土地肥沃。村庄整体上呈现农田、住宅、水相交相融的景象，基本具备"宅宅有水、路路见水、宅田水共生"的江南乡村的空间景观特点。村落肌理独特，聚落类型丰富。欧式建筑群在九个乡村振兴示范村中自成一体、风貌独特。

二、乡村文化振兴的体制机制改革与保障

1. 深化农村党建，提升村级治理组织力

（1）强化村党支部领导核心地位，筑牢乡村治理战斗堡垒。着重加强党支部规范化建设，聚焦主责主业，集中精力抓党建、抓治理、抓服务。加强带头人队伍建设，村党支部书记抓好"一课九会"。村级治理中涉及的重要事项和重大问题都要经党组织研究讨论，通过不同类型的会议予以推进落实，确保基层建设的科学管理和民主决策。加强干部梯队建设，优化支部队伍结构，通过镇中青班、"育鹰"行动及村"三会一课"等平台和机制，加强后备干部培养。后备干部通过脱岗学习、教育培训和实践锻炼持续提升政治理论和业务能力，为乡村治理提供坚实的人才保障。

（2）发展壮大"七支队伍"，促进村级事业有序发展。①村干部模范队。村两委班子聚焦初心使命，提升乡村治理、服务群众的能力，形成一支观念新、觉悟高、素质好、能干事、有活力的队伍。②党员先锋队。在党建引领下，党员队伍争做先锋表率，带头参与违法建筑拆除、中小河道整

治、垃圾分类等基层治理工作。③青年突击队。充分发挥青年的活力,在重大事件、突发事件中听从召唤、服从安排,不畏艰险、攻坚克难。④小组长宣传队。村民小组长充当桥梁纽带,积极配合村两委开展工作,上传下达,当好群众"传话筒"。⑤妇女巾帼队。妇联执委撑起"女子半边天",以柔克刚,发挥联系妇女、服务妇女的独特作用,宣传引导村民参与优美庭院、榜样家庭等精神文明建设。⑥志愿者服务队。志愿者骨干担当新时代文明实践的先导者,在创建工作中主动请缨,做出贡献。⑦乡贤参谋队。乡贤队伍争当"风向标"和"参谋长",在村级治理中率先垂范、带动群众。

2. 深化制度建设,促进村级治理常态化

(1)坚持党建引领下的"六治三理"工作法,推进乡村治理取得成效。通过治建房、治租房、治河道、治田林、治村宅、治秩序,理群众需求、理村级"三资"、理人员配置,以"六治"为抓手,紧紧抓住群众关心的、矛盾突出的、管理薄弱的环节,以"三理"为重点,提升为人民群众服务的能力,将城市精细化管理要求向农村拓展和深化,推动村级治理迈上新台阶。

(2)加强村规民约运用实践,推进乡村治理不断创新。倡导村民"自我管理、自我约束",充分突出村民主体和问题导向,针对普遍和突出问题进一步完善、细化塘湾村村规民约,召开村民代表大会审议讨论,不断凝聚村民共识。相继制定并实施护河篇、村宅篇等塘湾村村规民约,引导村民在建房租房、村宅环境、垃圾分类等方面逐步养成良好的生活习惯。

(3)建立村委派单制度,增强乡村治理新动能。借助网格化平台,根据日常乡村治理工作中的实际问题和困难,建立村委派单制度,形成"村委派单—职能部门接单—镇党委监督落实"的工作机制。通过自下而上的方式,切实反映村民需要,鼓励职能部门积极参与乡村治理。

3. 深化载体创新,激发村级治理新动能

(1)推进网格化党建,加固党建联建治理格局。认真落实塘湾村党支部书记第一网格网格长负责制,不断充实活动主题和服务内容。深化与宝山区文旅局、宝山海事局等单位的城乡党组织结对帮扶和联建共建工作,发挥资源共享、优势互补作用,提升网格聚合力。其中,文旅局在塘湾村打造众文空间;海事局与困难学生家庭签订帮困助学协议书,帮助孩子完成学业、实现理想。

(2)完善联系制度,畅通线上线下治理渠道。一是借助社区通"议事厅"等板块,拓宽社情民意渠道,形成实事项目,通过引导村民及组织参与项目的方式,实现乡村治理的上下联动。二是落实好镇领导联系村制度、党代表联系村制度、党员联系农户制度、党员"双报到"制度等。三是以创建国家级民主法治示范村为抓手,实行法律顾问驻村联系制度,加大普法宣传,推进依法治理。

(3)增强技防力量,提升智慧乡村治理水平。强化农村智慧社区微脑平台的功能应用,实施"雪亮工程",布建监控鹰眼 1 个、人脸识别 65 个、高清视频 35 个,实现数据自动采集、智能分析、准确研判、分色预警,推动村级信息中心在平安建设、环境保护、交通出行等方面发挥实效,降低辖区案发率,实现"三个不发生"和刑案零发案。

(4)盘活集体"三资",发展壮大村级集体经济。一是通过"村经委托镇管",确保原有资产稳定增值。二是因地制宜,积极发展宜居宜业宜游的绿色产业、现代农业产业体系以及"1+2"新兴产业,促进农民持续增收。其中,大力发展母婴康养产业,引入国内知名母婴康复品牌馨月汇,为孕产妇及其家庭提供科学的康养、照护服务;开办健康护理职业技术培训学校,使其成为培养母婴护理专业人才的摇篮。

4. 深化阵地建设,推进村级治理多元化

(1)凝聚红色力量,打造村民身边的"红色阵地"。成立顾家宅和西塘宅党群服务站点,党员就近开展集中学习、联系服务群众工作,延续主题教育期间党员驻点,积极征求村民意见的做法,加强日常的意见收集工作,及时召集党员和村民议事决事。

(2)拉近干群距离,创新村干部的"办公阵地"。取消独立办公室,村干部下楼直接与群众面对面。开放式办公区域为干群关系提供了情感交融区,增强了服务效能。完善办公区域便民服务点建设,社区事务受理服务中心等部门下沉人员设备到村委会,直接为村民服务,受理村级事务。实施"阳光政务"工程、惠民利民工程,落实塘湾村15项村民福利清单,包括春节慰问村民,免费发放大米、葡萄等农产品,给困难群众补助等。

(3)融合资源禀赋,打造绿色健康的"文旅阵地"。一是文旅活动做到既有亮点也有特色。塘湾村充分利用生态优势,以中国传统母亲花萱草为主题,打造中国首个母亲花文化园,占地面积为34 000平方米。2020年5月,塘湾村成功举办首届母亲花文化节,弘扬中国孝慈文化,并成为一项特色品牌活动。二是群众文化生活做到既丰富多彩也有深刻内涵。塘湾村以群众需求为导向,实现婉娥沪剧天天唱、周周演;以文化传承为方向,创设"罗泾十字挑花"艺术工坊和"四喜风糕"课堂,定期开办授课;建立宝山区图书馆塘湾村服务点,配送图书1 000余册,为村民提供文化休闲场所;以"全民健身"为目标,实现11个村民小组健身器材全覆盖。

(4)树立榜样力量,营造氛围浓厚的"宣传阵地"。打造顾家宅和西塘宅2处村民睦邻点,开展丰富的乡风文明德治活动,包括开展"两榜一模范"工作,设立"村民荣誉榜""党员光荣榜",评选"村民道德模范"等,落实"榜样"内容上墙。以塘湾村"优美庭院"创评为抓手,增强村民的生态意识,培育和打造20户条件相对成熟的家庭优先参与优美庭院创评。

第六节　宜居水乡,芋香稻村:上海市宝山区罗泾镇洋桥村

洋桥村素有上海"鱼米之乡"之称。依托村庄改造提升农村人居环境的契机,洋桥村按照"调整产业结构,美化村域环境,构建特色旅游"的主线,以其良好的区位优势和独特的自然生态环境大力发展旅游产业,着力打造旅游业"四个一",即建成一个集优质农产品生产、生态环保和休闲观光多功能服务于一体的农家乐项目,一个千亩林地的生态氧吧,一个长江库区风景园,一个以宝农34优质水稻为主的"产加销"基地。

一、发展概况与文化资源

(一)发展概况与历史沿革

洋桥村地处宝山区罗泾镇的最北部,东临新陆村,南与塘湾村接壤,西与嘉定区毗邻,北与江苏省太仓市交界。1956 年,洋桥村建立新毅高级农业生产合作社,由杨家湾、西陆、周家、西杨、方何、蔡杨、新陈、殷陆、楼下、四房、许塘、韩家 12 个生产小队组成。1959 年,该合作社改称新毅大队,属罗泾公社。1959 年前后,合作社将杨家湾小队划给嘉定县华亭乡联一村,将许塘、四房二队划给新陆大队。新毅大队由西陆、周家、西杨、方何、蔡杨、新陈、殷陆、楼下、韩家 9 个生产队组成。20 世纪 60 年代初中期,合作社又相继划出韩家和楼下两个生产队(韩家生产队划入塘湾大队,楼下生产队划入新陆大队),与此同时,为便于管理和尊重社员的意愿,合作社将西陆生产队拆成西陆生产队和墅沟生产队,将方何生产队拆成方何生产队和钱家生产队,将新陈生产队拆成新陈生产队和沈家生产队,至此,洋桥大队由西陆、墅沟、周家、西杨、方何、钱家、蔡杨、新陈、沈家、殷陆 10 个生产队组成。1984 年,洋桥大队改称洋桥村,由 10 个生产队(后改称为村民小组)组成,一直延续至今。

洋桥村由自然村西杨宅、西陆宅、周家宅、殷陆宅、墅沟宅、新陈宅、沈家宅、钱家宅、方何宅、蔡杨宅组成。其总人口为 1 777 人,总户数为 364 户。洋桥村拥有耕地 1 141 亩,粮田 790 亩,林地 312 亩,鱼塘 16 亩,畜禽场 23 亩。洋桥村 2008 年集体经济可支配收入为 100 万元,2008 年农民人均纯收入为 11 600 元。图 3-8 为洋桥村西杨宅老宅。

(二)乡村人文风貌

洋桥村西杨宅有棵榆树,已有约 400 年的历史,高度为 13 公尺,直径为 1.8 公尺。该古树坐落于西杨宅老宅东侧,西杨宅党群服务点北侧,木工房西北侧。从西杨宅党群服务点的北落地窗外的木长廊望出去,可将老宅和榆树的全景收入眼底。"一宅一树一水",成为洋桥树无法比拟的靓丽的风景线。

图3—8　洋桥村西杨宅老宅

　　洋桥村在进入西杨宅主路的右侧开设了"杨柳青青"柴长湾产业娱乐兼容园地。进入"杨柳青青",映入眼帘的就是大片芋艿田,内部还有林荫小道和稻田区。整个"杨柳青青"的中间区建造了"网红"星空营地,林中坐落着几个透明的"蒙古包",它们由木栈道连接,既能互通,又能独立。天气晴好时,"蒙古包"白天是阳光房,晚上拉开屋顶窗帘,就成为星空房,可将浩瀚星空尽收眼底。几个星空房环抱着古树,增加了近距离接触大自然的体验感。"杨柳青青"南侧搭建了长长的木桥,走上木桥能感受到四面而来的微风,也能眺望周边风景。

　　相比城市快节奏的生活,近年来,越来越多的人开始崇尚慢节奏乡村田间生活,追求原生态食物。芋艿是洋桥村的一个活招牌,吸引很多人来此购买。网红星空营地紧跟潮流走向,给"杨柳青青"带来了一种时尚感。四面环水的绝佳地理位置也是洋桥村的一个特点,其能让人尽情地游玩观赏。洋桥村作为上海的北大门,正以绝佳的自然风景,吸引外省游客和本地村民纷至沓来,流连忘返。图3—9为洋桥村河道环境。

图 3—9 洋桥村河道环境

二、乡村文化振兴的体制机制改革与保障

上海市宝山区罗泾镇洋桥村在乡村振兴战略的指引下,通过加强组织领导、完善政策体系、推进资源保护与利用、培育产业与人才、丰富活动与服务、加强建设与宣传、加强法治保障、加强财政保障、加强社会参与等方面的体制机制改革与保障,全面推进乡村文化振兴,为乡村振兴战略的实施提供了有力支撑。

加强乡村文化振兴的组织领导。成立乡村文化振兴领导小组,明确分工,统筹协调各项工作。领导小组由镇党委、政府主要领导担任组长,相关部门负责人担任成员,明确各部门职责,确保各项工作有序推进。小组加强与上级部门的沟通联系,争取政策支持和项目资金;积极向上级部门汇报工作,为乡村文化振兴提供有力保障;定期召开乡村文化振兴工作会议,研究解决工作中的重大问题;总结工作进展,分析存在的问题,研究解决措施,确保各项工作顺利推进。

完善乡村文化振兴的政策体系。制定乡村文化振兴发展规划,明确发展目标、任务和措施。结合洋桥村的实际,制定乡村文化振兴发展规划,明确发展目标、任务和措施,为乡村振兴提供科学指导。建立乡村文化振兴考核评价机制,确保各项任务落实到位。建立考核评价机制,定期考核评价乡村振兴工作,确保各项任务落实到位。

推进乡村文化资源保护与利用。加强乡村文化遗产保护,实施文物保护工程,提升乡村文化遗产保护水平。加大对文化遗产的保护力度,实施文物保护工程,提升文化遗产保护水平。挖掘乡村文化资源,开发乡村旅游、文化创意等产业,实现对乡村文化资源的有效利用。

丰富乡村文化活动与服务。开展丰富多彩的乡村文化活动,提升乡村居民的文化生活品质。举办各类文化艺术活动,如书画展览、戏曲演出、民间艺术表演等,丰富村民的文化生活。加强乡村文化设施建设,提升乡村文化服务水平。加大投入,建设一批文化设施,如图书馆、文化活动室等,提升洋桥村的文化服务水平。推进乡村文化信息化建设,利用互联网技术拓展乡村文化传播渠道。

加强乡村文化建设与宣传。加强乡村文化建设,提升乡村文化软实力。洋桥村通过举办各类文化活动、建设文化设施等方式,加强文化建设,提升文化软实力。加强乡村文化建设宣传,提高乡村文化建设的社会认同度。洋桥村通过各种媒体宣传文化建设的成果和经验,提高社会对洋桥村文化建设的认同度和关注度。

第七节　大美青溪,韵味吴房:上海市奉贤区青村镇吴房村

主动探索市场深度参与乡村振兴的"吴房运营管理模式",是吴房村的活力"密码"。目前,吴房村入驻企业以农创文旅、亲子研学、智能制造、医疗康养等行业为主,发展态势向好。走在"蝶变"之路上的吴房村,向人们展示着美丽乡村的蓬勃朝气及扎根土地的强大力量。

一、发展概况与文化资源

(一)发展概况与历史沿革

青村镇吴房村位于奉贤区中部,浦星公路与平庄公路交会处,属于奉贤区青村镇(旧属钱桥镇,2003 年撤销青村、钱桥、光明 3 镇建制,建立上

海市奉贤区青村镇），与上海中心区域的直线距离约为 40 千米。吴房村村域面积为 1.99 平方千米，耕地面积为 1 447.95 亩，集体建设用地为 60.5 亩，村民小组为 10 个，总户数为 479 户，户籍人口为 1 392 人。

吴房村，古称吴南房，至今已有 300 多年历史，拥有悠远深厚的历史人文底蕴和丰富的农业资源，是奉贤"贤文化"的发祥地。村内的一棵百年老榉树和一幢百年老屋，诉说着吴房的历史变迁。道光年间，清廷为褒奖吴氏一门"孝义之家""敦宗睦族"，敕建"旌义坊"。牌坊四柱四横青黄石，上有顶盖，上书"圣旨"及"意美法良善继先人德业，仁至义尽恪遵盛世缩风"字样。牌坊前立"文官下轿，武官下马"石碑，其规格之高极为少见。

据《光绪重修奉贤县志》所载，奉贤区南北走向的五大干流中，有一条河名和尚塘。南和尚塘在朱店南向东有条小港弯出，名曰"张泽港"。吴南房村古称"张泽（宅）港"，因河而名。

和尚塘之河名早在明代正德年间编撰的《华亭县志》中就有记载，沿河有座简易的佛寺：送子庵。清代康熙年间，僧人蒋七和尚捐建一座"宗源桥"，跨张泽港。吴房村旧有张氏大族，设有宗祠。族中比较有名的是张念祖，清代嘉庆十八年（1813 年），张念祖捐资重修"福寿桥"。因此，吴南房旧有两座古桥。

张族的另一名人为张念祖的儿子张言儒。道光十五年（1835 年），朝廷表彰张言儒为富而仁，特御赐"乐善好施"四字，着地方立"旌义坊"于村口。今迁移到海湾旅游区的就是此牌坊。

300 年前，吴房出了一位武状元。据《乾隆奉贤县志》所载：李应源，字玉藻，家就住在宗源桥下的吴南房。

吴房还有一位被广为称颂的名人是吴举人，即清末民初的吴浩祥，其是中国最后一位举人。《民国奉贤县志稿册三学校》载有"吴南房小学校"校史：民国十八年（1929 年），吴南房村乡绅吴浩祥、张道南、费宗祎联合出资，创建吴房小学校，并捐建住宅为学校校舍，即今存百年老屋。吴家在村中是文艺世族，现上海沪剧院著名演员吴群就是吴浩祥后裔。

吴房村小巧却古朴。张泽小河与和尚塘残段如今尚在，似乎在讲述着未曾走远的岁月往事。两岸锦绣黄桃林青翠满眼、硕果飘香;百年老榆挺立于萧萧竹园中,浑厚沧桑;落日余晖,映照着清澈的粼粼波纹。且听风吟,吴房,是一个有故事的地方。图 3—10 为上海市奉贤区青村镇吴房村。

图 3—10 上海市奉贤区青村镇吴房村

(二)乡村人文风貌

敢问青溪何处寻,桃源深处吴南房。

吴房村作为上海市首批确定的 9 个乡村振兴示范村之一,再度"吸睛",成为市民和媒体热捧的焦点。从养在深闺无人识到知名度不断攀升,从青溪水畔的静谧桃林到广受关注的"网红",吴房村正以乡村振兴之名,攀登着改革再出发的新高峰,书写着美丽乡村建设的青村新传奇。

2018 年 8 月,吴房村入围上海市首批 9 个乡村振兴示范村,《奉贤区青村镇吴房村村庄规划(2018—2035)》同步出炉。在青村镇党委和镇政府的牵头下,吴房村开始"大刀阔斧"地改造。吴房村引入中美院、上美院等院校的名师团队,对现有的田园景观、文化古迹、建筑风貌进行设计保护和引导,最大限度注入江南水乡元素。

　　负责方案设计的中国美术学院设计总院请来了国画大师吴山明。吴山明走访后，带着团队创作了一幅水墨长卷——"桃源吴房十景图"，其将吴房村曾经粉墙黛瓦、桃林竹桥、木船水车的景象绘成一幅写意山水画，成为后来吴房村改造设计的蓝本。

　　通过田园景观规划和风貌设计引导，施工方先期梳理古宅、古桥、古牌坊等历史文化古迹资源后，修旧如旧；再把江南水乡元素和海派民居特色融入整体风貌管控，一点点刻画出"三分灰、七分白"绿田粉墙黛瓦、曲径回廊古木、小桥流水人家的江南水乡桃花村。如今，村内房屋结构一改传统农村宅基地"排排坐"的刻板印象，建成一批风格统一、错落有致的民宿、创业办公楼等。图3—11为吴房村的水车。

图 3—11　吴房村的水车

二、乡村文化振兴的体制机制改革与保障

　　吴房村2018年8月21日入围上海市第一批九个乡村振兴示范村，同年12月25日，村庄规划获区政府批准。示范村共规划四个功能片区。目前，一期358亩核心片区已完成建设并开展运营。

　　推动一、二、三产深度融合。与上海市农科院合作，创建国家级现代农业黄桃产业园,合力打造东方桃源。引入以色列阿森沃亩、宏辉果蔬等市场主体,培育科技农业从业者群体,打造从田园到餐桌的全产业链。引入盒马鲜生、有赞电商等商业平台,共同打造"桃你喜欢"自营电商交易平台。打造"十里桃花"旅游休闲观光路,引入苏州半山艺精品民宿,形成农商文旅深度融合新模式。

依托"1+3"平台,加快产、城、乡一体化发展。建立"政策超市",提供宅基地置换、异地集中建房等五种政策途径,推动集中居住。目前已完成核心区 61 户宅基地房屋 20 年租赁流转,到 2035 年,将集中居住257 户,腾挪宅基地 247.8 亩。成立胤腾、桃源里、思尔腾三大平台公司,分别承担开发建设、集体资产保值增值、招商运营功能。导入国盛集团盛石资本,设立长三角乡村振兴(上海)股权投资基金,引领产业、资金、价值重组整合优化,带动南上海国盛青港未来产业城转型升级。村内近千亩承包地已实现流转,提升农用地租金。60.5 亩集体建设用地已用于规模化经营建设,实现集体建设用地资产升级。与"椿熙堂"合作,以生活驿站、睦邻四堂间延伸农村公共服务配套,建设农村养老社区。目前,17 幢 31 套颐养公寓已完成建设并入住,老年日间照料中心已建成并投入使用。

未来的吴房村,将以"房屋租金+集体经济股金+产业就业收入"推动村民持续增收,以"环境美、和谐美、产业美、人文美、生活美、活力美"为目标,实现上海国际化大都市背景下,更高水平的乡村振兴。

第八节 "荷之村":上海市松江区新浜镇胡家埭村

松江区新浜镇胡家埭村因"荷"而盛,以"荷"为主线,建成了可供群众游客亲身体验"四可"功能的空间,并结合"松江荷花节"节庆品牌及特色文旅节庆活动,非遗及农耕文化体验,形成了集"吃、喝、玩、购"为一体的文旅空间。

一、发展概况与文化资源

(一)发展概况

胡家埭村位于新浜镇东部,紧靠 G60 新浜高速出口,地理位置优越,文旅资源深厚,是一座有着浓厚江南水乡韵味的静谧村庄。区域面积为 3.8 平方千米,有 17 个村民小组,838 户,户籍人口为 2 565 人,外来人口为 1 768 人。胡家埭村因"荷"而兴,松江"荷"摄影基地、新浜荷花基地就位于该村。该村已连续举办 11 届"松江荷花节",被誉为"沪上芙蓉村",更是全国文明村、中国美丽休闲乡村。

(二)历史沿革

春秋时本地属吴,阖闾后属长水县东境。战国初,吴灭,属越,中期后属楚。秦时属会稽郡长水县(秦始皇三十七年改长水县为由拳县)东境、海盐县北境和娄县南境地。

唐天宝十年(751 年),属吴郡华亭县。

宋代,属嘉禾郡秀州华亭县风泾乡。

元代,属江南浙西道嘉兴路华亭县风泾乡。

明代,属松江府华亭县风泾乡。

清顺治十三年(1656 年),拆华亭建娄县,为松江府娄县枫泾乡。

民国元年(1912 年),娄县、华亭县合并,称华亭县,是时属江苏省华亭县风泾乡;民国三年(1914 年),华亭县改称松江县,本地隶松江县枫泾乡。方家罈村境属枫泾乡二保一区头图,胡家埭、泗庄浜村境属枫泾乡三保三区二十六图。

民国十八年(1929 年),试行区制,时属江苏省松江县枫泾区(即十一区)。

民国二十三年(1934 年),实行区、乡、保、甲制,方家罈自然村属枫泾区新方乡第 7 保,胡家埭、泗庄浜自然村属枫泾区胡屋乡第 3 保。

1949 年 5 月 11 日,本地解放。同年 8 月,建枫泾区、石湖区,区下设乡,方家罉、胡家埭、泗庄浜时属石湖区新文乡管辖。同年 10 月,废除保甲制,本地建立方家哈、胡家埭、泗庄浜村农会。上隶不变。

1950 年 3 月,石湖区撤销,新文乡归枫泾区。方家哈、胡家埭、泗庄浜三个村农会属枫泾区新文乡。

1956 年秋,本地建立新文、耀旗高级农业合作社。上隶不变。

1957 年 8 月,撤区并乡,原新文乡等 5 乡合并建立新浜乡,本地属之。1958 年 9 月,成立跃进人民公社;1959 年 3 月改名为新浜人民公社。本地属之。1959 年 4 月,撤销营连军事建制,以原高级社为基础,建立生产队,本地建立胡家埭生产队、方家哈生产队。上隶不变。1962 年 5 月,改名为胡家埭生产大队、方家哈生产大队。上隶不变。

1984 年,新浜人民公社易名为新浜乡,本地属之。1987 年 4 月,本地分别改名为胡家埭村民委员会、方家哈村民委员会。上隶不变。1994 年新浜乡易名为新浜镇,本地属之。

2002 年 3 月,方家哈村、胡家埭村合并,改称为胡家埭村民委员会,属上海市松江区新浜镇。

(三)乡村人文风貌

(1)群众文化。胡家埭村文艺宣传队最初成立于 1964 年。由于队员变动等原因,宣传队活动一度暂停。2007 年,在村主任金林根的发动下,这支文艺宣传队被重新组织起来,找回老队员,并吸收新队员。文艺宣传队重新组建后,被命名为百灵鸟文艺宣传队。根据村里领导要求,宣传队经常编排一些小型多样节目,到本村及邻近村镇演出,宣传党的方针政策,受到百姓欢迎。村节目创作组编排了大型沪剧《金绣娘》等群众十分喜爱的剧目,并根据村里好人好事,编排了小型多样的 30 多个剧目,到全镇各村百姓戏台、老年茶室宣传,每年巡回演出达 10 多场。

(2)民间文艺。胡家埭村民间文艺形式丰富,包括农民书、田山歌等。其中,田山歌是胡家埭村表现田园生活水乡生活风情的主要形式。田间农事劳作是新浜地区村庄形成山歌繁荣态势的重要原因。由于农民整天在田间干活,故为了消除疲劳、增添乐趣,就有人出主意讲故事唱山歌。

农民们在唱山歌时,一般由一人领唱,然后众人轮流接唱,人人都有角色。这就是喊山歌,田山歌又叫耘稻山歌。一般一首民歌要唱半天,长篇的需要唱十天半月,先由唱头开场,然后由"卖头""接卖头""前嘹""赶老鸭""后嘹"等几个段落组成。山歌班经常自发组织赛歌活动,这就要求山歌班中的领头歌手不仅要嗓门好,而且要会"余"、会"叼"、会"见花来、采花来"。一些本乡歌手自发组成山歌演唱队,在周边地区演出。2000年,喊山歌被正式列入国家级非物质文化遗产。

二、乡村文化振兴的体制机制改革与保障

(1)注重顶层设计引领。为推进胡家埭村文旅功能融合国家级试点项目的有序开展,在区文旅局的具体指导下,新浜镇专门成立了专项工作小组,成立了由镇主要领导挂帅,分管领导负责,相关职能部门组成的联席会议制度,每月由镇社区文化活动中心牵头召开项目推进会,指导和督促融合建设工作。在区和镇的共同努力下,胡家埭村专门安排了410万元专项试点建设经费,其中区文旅局列支100万元,新浜镇列支250万元,区卫健委列支60万元(专项用于新浜镇胡家埭村卫生服务中心建设),为有效推进建设起到了根本保障作用。

(2)聚焦文旅融合空间打造。试点建设主要围绕文旅融合"五大区域"空间打造,即在原有国家级居村综合文化活动中心试点建设"四室一厅"功能空间的基础上,打造文旅融合主题展示区域,在大厅设置旅游咨询台、全景全域旅游图、旅游资讯二维码等,为市民游客提供一站式文旅资讯;打造传统互动娱乐体验区域,设置非遗项目和农耕文化展示区域,展示"花篮马灯舞"和当地传统农耕农具,形成文旅特色"打卡点";打造乡村嘉年华集会演销区域,以新整修的百姓戏台为阵地,增设乡村文旅集市,定期组织村民游客展示、销售、交流农产品,开展文化交流活动;打造舌尖特色农产品购销区域,设置特色农产品电子商务区,运用5G智慧云开展直播带货、直播演销;打造文旅健康驿站扶助区域,提升活动中心周边健康和体育设施功能,进一步完善配套公共服务。同时,在村文化活动中心周边融合建设"荷文化"主题展示墙、"荷"文创产品展销区、"荷"产品制作体验空间,并升级改造了图书阅览室等"四室一厅"功能。

(3)丰富公共服务内容供给。在"松江荷花节"期间,开展"闲时闲课在新浜"系列活动、非遗项目传承活动等,增强游客对文旅节庆的体验感。以采录讲解"讲好乡村故事"和"说好荷乡文化"的方式保护和弘扬传统文化,配合乡村周边环境融合设计,提升人文景观氛围。依托胡家埭村百灵鸟文艺宣传队和六支文化沙龙队等本地文艺团队,创排具有本土文化特色的精品舞台剧,开发近百款特色旅游文创产品,打造乡村旅游主题线路供游客观赏和体验。

(4)创建"四可"建设标准。根据文旅融合要求,创建"可进入、可触摸、可体验、可分享"的建设标准。所谓可进入,即要求设施周边交通配套良好,有便捷的外部公共交通可抵达;外部交通标识醒目,可指引到达设施处;具备与设施接待量相匹配的停车场地;优化空间内部布局,动静设计合理。所谓可触摸,即要求配有可供参观、体验的实物或空间展示;有各类资源可以取用,能够满足游客咨询、休憩、投诉等基本需求。所谓可体验,即要求通过各类官方平台,定期发布活动信息;积极策划、组织面向社会公众的演出和活动等,并可提供专业讲解。所谓可分享,即要求鼓励打造特色区域,如印章打卡、直播区等,实现实时分享,从而达到二次宣传的目的;鼓励开发特色文创纪念品,并实现销售。

(5)串点成线,文旅综合体验空间更加科学合理。胡家埭村试点项目立足本村实际,借助荷花基地及周边乡村环境、闲置农屋等资源,建成可供群众游客亲身体验"四可"功能的空间,并结合"松江荷花节"节庆品牌及特色文旅节庆活动,非遗及农耕文化体验,以全域旅游目的地的形式整体打造并形成了集"吃、喝、玩、购"为一体的文旅空间。同时,将新浜镇牡丹园、陈云农民暴动史料馆、毛主席像章馆等旅游景区(点)串联成赏花、学史等主题的旅游线路产品,有效增强了村域空间的文旅融合度。

(6)共建共享,文旅公共服务效能进一步提高。在试点建设过程中,积极践行共建共享共治理念,主动发挥"主客共享、全域融合"特色。强化党建引领,依托群团组织每月在村文化活动中心开展主题活动,丰富内容供给。驻村企业群策群力,为胡家堰村修建篮球场、修缮百姓戏台,创新举办泥地足球赛,定期开展群众性文体活动。本村村民主动参与环境整治,有效促进了村域内的社会治理。更有村民自愿担任乡村文化宣传员,弘扬传统文化,极大地丰富了群众的精神文化生活。

(7)科技赋能,文旅产业融合得到进一步发展。2020年,"松江荷花节"通过线上直播的方式对新浜镇乡村旅游资源、文旅活动等进行推介宣传,累计观看人次达3.2万,同比游客数量增加了50%。此次试点项目特别在室内增设了云直播空间,运用5G智能化云直播网络带货的形式,结合现场展示体验,为市民游客介绍本地特色优质农产品和文创产品,搭建了一套完整的网络产销体系,实现产销双赢向好局面,促进了农民和本地企业增产增收。图3-12为新浜镇非遗体验展示区。

图3-12 新浜镇非遗体验展示区

(8)区域联动,"沪上芙蓉村"乡旅品牌进一步擦亮。通过试点建设,在进一步优化"松江荷花节"品牌的基础上,胡家堰村以综合文化活动中心为主阵地,配合百姓戏台、沿河民宅等空间资源,拓展了荷花节摄影、"为荷而来,为泥而趣"泥地足球赛、"荷乡趣游"和"红色骑行"等系列活动,打造了"网红赏荷"一日游品牌,增强了市民游客的"游赏玩"体验。此外,由新浜镇胡家埭村出发的 G60 科创走廊乡村旅游联盟自 2018 年 7 月成立以来,每年召开联席会议,深入探讨乡村旅游联合发展路径,共同推进美丽乡村建设。

第九节　远看青山绿水,近看江南田园:
上海市松江区泖港镇黄桥村

"峰泖育高贤,古来翰苑无双地;黄桥承文脉,海上楹联第一村。"黄桥村以楹联文化为特色,坚持"丰富楹联、服务农村、文化强村"的工作思路,持续激发乡村文化新活力,着力打造"诗意栖居的江南田园"。近年来,黄桥村先后获得全国特色村、全国生态文化村、上海市楹联第一村、中国楹联文化村等荣誉。

一、发展概况与文化资源

(一)人口与经济发展情况

黄桥村地处同三高速西侧,南靠叶新公路,北枕黄浦江上游横潦泾,西至黄桥港。因地理位置在圆泄泾、斜塘江和横潦泾交界处,即黄浦江的源头,故黄桥素来享有"浦江第一村"的美誉。黄桥村先后荣获"上海市文明村""上海市生态农业村"等荣誉称号。2007 年以来,黄桥村加快推进社会主义新农村建设,展现农村田园风光和江南水乡风韵,呈现水清岸绿、村容整洁、鸟语花香、黛瓦白墙、环境舒适的新气象,有力营造美丽的人居环境和温馨和谐的家园。

黄桥村区域面积为 3.2 平方千米,全村总人口为 2 100 人,总户数为 571 户。2012 年黄桥村的耕地为 3 184.80 亩,粮田为 1 773 亩,常年有菜田 721 亩、林地 606 亩、鱼塘 84.80 亩。2011 年黄桥村集体经济可支配收入为 92.40 万元,农民人均纯收入为 11 966 元。

(二)历史沿革

公元 1726 年前,黄桥村隶属松江县,古属华亭县。清顺治十三年(公元 1656 年)析华亭部分地区置娄县,泖港地区以横潦泾河为界,河之东为华亭县,河之西为娄县。雍正四年(公元 1726 年)又析娄县部分地区置金山县。当时,泖港地区包括仙山乡北部、修竹乡南部(即毛家渡以南)、集贤乡西部(即乡界泾以西),由属金山县管辖。1912 年,府一级政权撤销,泖港仍属金山县,命名为北乡。1966 年 10 月,泖港公社(乡)划归松江县。

新中国成立初期至 20 世纪 70 年代后期,黄桥村是一个繁荣的小集镇,80 年代初期,黄桥村开始慢慢衰落。黄桥村原属五四大队,自 1977 年 9 月 8 日,在泖港人民公社管理委员会的行政区域试点调整中,原五四大队被分为黄桥、陆庄、团结三个大队,老五四大队 11、12、13、14、15、16 队被划归黄桥村。

1999 年 4 月,黄桥村与陆庄村合并,取名黄桥村。2001 年,泖港镇、五厍镇合为泖港镇,黄桥村成为泖港地区的中心村。黄桥村由自然村黄泥泾村、杨家汤村、三家村、陆庄村、范浜村、陆家村、王家库、黄桥村、施家楼村、汤家浜村等组成。图 3—13 为上海市松江区泖港镇黄桥村。

图 3—13 上海市松江区泖港镇黄桥村

（三）乡村人文风貌

1. 精神文明

中共十一届三中全会后，黄桥村成立精神文明建设与创建领导小组，开展争创"新风户""五好家庭""星级家庭""文明村民"等一系列活动。2003年，黄桥村党（总）支部和村委会制定村规民约，加强村民创建意识，提高村民文明程度，引导村民积极参与文明村的创建工作。村党（总）支部推进星级家庭建设，提倡文明健康生活，坚持移风易俗、厚养薄葬、丧事简办，反对邪教和封建迷信活动。黄桥村先后获得松江区文明村、上海市整洁村、上海市美好家园示范村、上海十大"我喜爱的乡村"等荣誉，并于2017年成功创建为全国文明村。

2. 楹联文化

楹联文化是黄桥村文化建设的一张名片。黄桥村先后获得上海市楹联第一村、上海楹联文化第一村、中国楹联文化村等荣誉。楹联也称"对联"，是一种生动的艺术表现形式，也是优秀的文化遗产，它形式短小、文辞精炼、对仗工整、平仄协调。2005年，楹联被列入第一批国家非物质文化遗产名录。早在20世纪90年代，退休教师徐寄林等村民就发起了学楹联、写春联的活动。2004年，在上海市楹联学会松江分会的帮助和指导下，黄桥村成立了上海市首个村级楹联爱好者沙龙，后在此基础上改建成立黄桥村诗联社，参加活动的村民从最初的5人发展为38人。黄桥村诗联社坚持每两个月举办一次楹联学习活动，其已举办过"世博联""奥运联""法治联""廉政联""十八大联"和"十九大联"等56场楹联展览。从2009年开始，该村每年邀请市、区的文化团体参与写春联送春联活动。各种楹联创作活动在黄桥村广泛开展，营造出浓浓的传统文化氛围，丰富了村民的文化生活，扩大了楹联文化的影响力。

二、乡村文化振兴的体制机制改革与保障

黄桥村坚持"丰富楹联、服务农村、文化强村"工作思路，持续激发了乡村文化新活力，着力打造了"诗意栖居的江南田园"。近年来，黄桥村获

得全国特色村、全国生态文化村、上海市先进基层党组织、上海市"五好"党组织等荣誉。

一是以楹联文化为重点,推动激发乡村振兴新活力。楹联是"立家规、传家训、扬家风"的良好载体。黄桥村精心打造"沪上楹联第一村"的特色乡村文化品牌,精心成立"楹联沙龙",细心布置"楹联陈列室",用心组织开展楹联学习交流、集体创作、写春联送农户等活动,陆续举办"世博联""奥运联""法制联""廉政联"等数十场楹联展,将弘扬和践行社会主义核心价值观融入乡村文化,全村 580 多户家庭的客堂均悬挂由楹联组织创作并由书法家书写的"好家风、好家训"匾额。

二是以法治文化为纽带,大力弘扬主旋律和社会正气。充分发挥上海市人大常委会基层立法联系点的平台优势,积极参与《上海市促进家庭农场发展条例(草案)》立法调研会,切实做好上海市人大年度执法检查项目,大力发挥镇内 6 个立法联系点的信息采集站阵地优势,定期召开民意信息采集专题会,原汁原味地反映群众建议,切实履行基层立法联系点职责,不断丰富"全过程民主"的深刻内涵。不断凝聚基层法治力量。积极联合松江区法宣科、浦南法院、泖港司法所等有关单位,精心打造乡村法治阵地(宪法法治广场),扎实做好全村法治文化宣传工作,不断培育"办事依法、遇事找法、解决问题用法、化解矛盾靠法"的乡村法治环境。

三是以文化阵地为窗口,深入挖掘乡村文化内涵。持续打造上海乡村楹联馆、黄桥村村史馆、宪法文化广场、百姓大戏台等乡村文化阵地,深入挖掘黄桥村乡村文化中蕴含的思想观念、人文精神、道德规范,集中展现黄桥村乡土风情。"一块屏联结一片群众",充分利用村委会电子屏幕资源,组织开展"来黄桥看电影"特色文化活动,引导全村党员群众学习银幕上的党史。

四是以特色活动为平台,生动展现乡村文化独特魅力。2018 年,以举办松江区首届农民丰收节为契机,在田园诗歌朗诵会上集中展现黄桥村楹联文化的鲜明特色,丰富村民文化生活。2019 年,加快推动《黄桥村志》编撰,组建村志编写工作小组,多次走访松江区档案馆,深入访谈各界人士,反复考证、详细记录黄桥村历史变迁。2020年,隆重举办田园艺术节,向村民代表赠送家训楹联,用楹联承载传统美德走进家家户户。

五是以宣传媒介为载体,广泛传播黄桥乡村文化。加强自我宣传。开辟线上"黄桥新风"微信公众号宣传阵地,自主编撰村级报纸《黄桥新风》(每两月一期),加大村内电子屏、宣传栏、横幅等的宣传频率,推动楹联文化持续走进老百姓心中。构建黄桥的宣传朋友圈,主动加强与媒体沟通合作。黄桥村"全过程民主"的基层生动实践被《解放日报》、上海市人大常委会办公厅官方微信转发报道。图3—14为黄桥村村景。

图3—14 黄桥村村景

第十节 中国农民画传承的新起点:上海市金山区枫泾镇中洪村

中洪村是千年古镇枫泾镇的发源地,是中国魅力乡村,也是"现代民间绘画之乡"。中洪村人历来以心灵手巧闻名上海乃至长三角,金山农民画就起源于中洪村。农民画将民间古老艺术与绘画交融,将历史文化的沉淀转化为现代艺术的瑰宝,实现了乡村非物质文化遗产与上海这座国际都市的有益结合,被誉为"中国最优秀的民间艺术"。

一、发展概况与文化资源

(一)人口与经济发展情况

截止到 2020 年年底,中洪村全村户籍户数为 979 户,户籍人口为 3 379 人,常住户数为 1 345 户,常住人口为 4 045 人,其中 0～14 岁 293 人,65 岁以上老人 1 020 人。2020 年中洪村集体经济可支配收入为 290 万元,本村农民年人均可支配收入为 2.5 万元。

(二)历史沿革

6000 年前,随着太湖东南平原区域陆地初步形成,中洪村境呈水陆交叉状,3000 年前,已有先民居此劳作。春秋时期,村境先后由吴越交替管辖,战国时属楚,秦代属会稽郡,三国时期属禾兴县(嘉兴县);唐天宝十年(751 年),村境属吴郡华亭县;宋代属嘉禾郡秀州华亭县风泾乡;元代属江南浙西道嘉兴路华亭县风泾乡;明代属松江府华亭县风泾乡;清代属江南省松江府华亭县风泾乡一保一区十二图、一保一区廿三图和一保二区十四图;1935 年分属江苏省松江县枫泾区的西杨乡和中南泾乡;1938 至 1945 年年初属枫泾区中西乡,1945 年中期又分属枫泾区的西杨乡和中南泾乡;1947 年 5 月至 1948 年 9 月,先后分属天枫区新和乡、一鼎乡和枫泾镇(北镇);1948 年 9 月至 1949 年 7 月,分属枫泾区一新乡第七保和枫泾镇(北镇)第八保。

1949 年 5 月,境内解放。同年 8 月,属江苏省松江县枫泾区范泾乡,有步杨、横堤、荷英、洪泾、中圩 5 个行政村。1956 年,分属范泾乡的中洪高级社和新农高级社。1957 年 8 月,撤区并乡,分属枫围乡中洪高级社和新农高级社。1958 年 9 月,成立人民公社后,其属火箭(后改枫围)人民公社。1959 年 3 月,其属范泾管理区中洪生产队和新农生产队。至 1961 年 11 月,管理区撤销。1962 年秋,中洪、新农 2 个生产队合并为范泾生产大队,下辖 22 个生产队。1963 年 5 月,范泾大队拆分为胜利、新农 2 个生产队;1966 年 10 月,随枫围公社从松江县划归金山县(1997 年 5

月,撤县建区,名金山区)。1978 年 8 月,胜利大队易名为中洪大队、新农大队易名为步杨大队,下辖生产队不变。中洪大队以取"中圩村""洪泾浜"二个自然村首字而得名;步杨大队以取"步石""杨俊浜"(后改为杨进浜)二个自然村首字而得名。1984 年,大队改建为行政村,分属中洪村和步杨村,下辖 27 个村民小组。2002 年 7 月,中洪村与步杨村合并,名中洪村,下辖 20 个村民小组。图 3-15 为上海市金山区枫泾镇中洪村。

图 3-15　上海市金山区枫泾镇中洪村

(三)乡村人文风貌

(1)历史悠久,风光秀美。中洪村地处太湖流域,湖泊众多,河流纵横。各式江南传统民居依河而建,中洪村每条道路上,粉墙黛瓦,绿柳成荫,令人心旷神怡。"丹青人家"将复古的江南老式民居与中洪村的原生态面貌巧妙地结合在一起,配以小桥、流水、水车、草棚、菜园、鱼塘、农家铺子、打谷场等典型的农村景物,融旅游、购画、观光、休闲、餐饮于一体。步入村中,恍若来到了一座民间艺术殿堂。在画村,游客可以欣赏到金山农民画的精品新作,农民画家会手把手地教游客进行农民画创作。张青云于《鹧鸪天·咏枫泾中洪村》中称赞道:"带越襟吴景象新,桃源鸡犬日相闻。稻香垄垄香盈野,荷叶田田凉到门。红蓼岸,绿杨津,酒旗高挂暖风熏。嬉鱼寻画情何限,信是中华特色村!"图 3-16 为中洪村凫隐桥。

图 3—16 中洪村凫隐桥

(2)民间艺术,文脉相承。早在北宋时期,枫泾历史上就有了颇具影响力的人物——陈舜俞。他骑着牛犊往来于白牛塘上,播撒着文明的种子。明朝的郁衮在江南文坛上享有较高声誉,与江南四大才子之一的苏州唐伯虎为好友。农民用手中的笔创作散文、诗歌、故事,其作品广泛流传。民间艺术长盛不衰,印染、刺绣、木雕、剪纸、灶壁画等古老艺术代代相传。20 世纪中叶,这块土地上诞生了上百位农民画作者,他们成为金山农民画创作队伍的中坚力量。

二、乡村文化振兴的体制机制改革与保障

(1)注重传统文化传承。因地制宜、精准施策。"一村一品"的乡村振兴之路绘出美丽乡村的多彩画卷。中洪村是金山农民画的发源地。20 世纪 70 年代,在下放农村的著名画家和金山县文化馆美术老师的指导下,中洪村的农民将民间的印染、剪纸、刺绣、木雕、灶壁画等古老艺术巧妙地运用到绘画中,以江南农村的生活习俗和劳动场景为题材,用朴实的手法,创作出了水乡气息浓郁、艺术风格独特的中国当代民间艺术精粹——金山农民画,在海内外产生了广泛的影响。中洪村于 1988 年被文化部命名为"现代民间绘画乡"。2006 年 11 月 23 日,中洪村荣获"中国十大魅力乡村文化产业奖"。2010 年,中洪村又被授予"中国十大书画村"的荣誉称号,并获得了"中国村庄名片"的美誉。

(2)关注乡村品牌打造。近年来,中洪村以"美丽乡村"的品牌打造为中心,坚持融合发展,深挖文创旅游,不断推进乡村旅游发展,先后获得"中国特色村""中国十大魅力乡村""中国绿色村庄""中国十大书画村""中国村庄名片""中国美丽休闲乡村""上海市美丽乡村示范村""上海市绿色小康示范村"以及市级文明村、市级健康村、市村容整洁村、市级"安全小区"、市级"五好"村党组织、市美好家园示范村等荣誉称号,并且被文化和旅游部命名为"全国农业旅游示范点",成为文旅结合的典型,以文化IP"出圈"。目前,已有近 10 万幅中洪村的金山农民画作远销国内外,300多幅作品在国内外画展中获奖,1 200 多幅作品被中国美术馆、中国画研究院、中国民间艺术博物馆、上海博物馆等机构及国内外藏家收藏。农民画被誉为"中国最优秀的民间艺术"。

(3)助力乡村产业发展。中洪村致力于持续推进农文旅融合发展,打造乡村振兴战略先行区的"枫泾样板"。金山农民画村带动了村内剩余劳动力上岗就业,提高了村内未就业人群的收入,大力推进了当地经济结构的转型,促进现代旅游经济的发展。依托中国农民画村的资源禀赋,中洪村积极推进绿色、有机认证,打造高品质农产品供应基地。目前,上海开太鱼文化发展有限公司、上海阿林果业专业合作社分别打造了"开太鱼""阿林果"品牌,实现了 100%品牌化销售。其中,"开太鱼"与百联、联华、一米集市等合作开展线下基地体验式消费活动,并开发了"开太鱼文化"微商城;"阿林果"品牌采取线上与线下相结合的方式,线下进驻商超,线上进驻网店、微店等。

第十一节　中国故事村:上海市金山区枫泾镇新义村

新义村是"中国故事村",村内故事大道、故事长廊、故事亭、故事角、故事人家等元素成为一道道靓丽的风景线。新义村以故事文化作为乡村振兴的抓手,大大促进了村经济建设和综合治理水平提升。新义村先后被评为全国文明村、全国"一村一品"示范村、全国民主法治示范村、全国乡村振兴示范村、中国美丽休闲乡村。

一、发展概况与文化资源

(一)发展概况

新义村隶属于上海市金山区枫泾镇,地处吴越千年古镇——枫泾的南部,全村面积为 4.34 平方千米,耕地面积为 4 500 多亩。新义村下辖20 多个村民小组,共有村民近 3 000 人。村内水系环绕,大大小小 20 余条河道由东至西贯穿全村,构成了独特的江南水乡美景。

图 3—17　上海市金山区枫泾镇新义村

新义村历史文化悠久,唐天宝十年,其属华亭县;宋、元、明时,其均属华亭县风泾乡;清顺治十三年,其属娄县枫泾乡;新中国成立后,建立乡村制,1956 年,成立新义高级农业生产合作社;1958 年,改称新义生产队;1963 年,改称新义生产大队;1984 年年底,恢复乡村建制,改称新义村;2002 年 7 月,与徐泾村合并,组建新义村。图 3-17 为上海市金山区枫泾镇新义村。

(二)文化资源

(1)乡村建设。新义村扮演着故事水乡承载体的角色,其一直在不断做大产业规模、提高产出效益,持续推进众创入乡,丰富村内产业种类。通过推动新义村成为全域旅游示范村,不断上演新故事,激发文化和产业形成共鸣,新义村村民的幸福指数逐年提高。正如新义村村歌里的一句歌词所唱:新义故事讲的是幸福欢乐。近年来,新义村不仅将 1 150 亩经济果林作为支柱产业,还不断吸引科技创新型企业入驻。其中,天域公司的入驻已经为新义村增加税收 2 000 万元。除了经济建设,在环境建设方面,新义村杜绝大拆大建,深入贯彻落实自然与人共生的理念,积极引导"环境—产业—乡村"可持续循环发展。

(2)文化底蕴。在漫长的发展过程中,新义村形成了"一人一树一故事"的文化特色。"一人":新义村岳姓居民为岳飞后裔,自晚清从嘉兴迁入后居住至今。"一树":村里现存的一棵古银杏树据考证为明朝嘉靖年间种植,该树距今已有约 500 年的历史。"一故事":新义村 2018 年被中国民间文艺家协会故事委员会授予"中国故事村"称号。深厚的历史底蕴,成就了新义村丰富的乡土文化,村里流传着许多美丽的故事传说。盛产故事、善讲故事、爱听故事,早已成为这个村庄的基因血脉,世代传承。故事文化可谓源远流长。莲锡庵原为杨家庵,位于村境第一村民小组域内。据《枫泾志》记载,明嘉靖年间,莲锡庵由里人杨茂春舍地募建,是富人吃斋念佛的去处。清顺治十年(1653 年),莲锡庵重修。1949 年新中国成立后,人民政府利用庵舍创办了金和初级小学。2003 年,村里投资 2 万多元,建成老年活动室。2010 年后,为保护古迹,村里在门口立了一块石碑,上书"莲锡庵旧址""明嘉靖年间"字样。如今,莲锡庵已经成为新义村重要的文化场所,内设中国故事展厅、莲锡书院、中国故事基地、新义村新时代文明实践站等。

"一树"的古银树便位于莲锡庵内。明朝嘉靖年间,里人杨茂春舍地募建杨家庵时,在庵门口种下了一对银杏树。可惜雄银杏树长大被砍,作修庵门门槛之用,只有一株雌银杏树被保留。后来这棵树长得高大挺拔。1982年,村里在进行乡资源情况调查时,测出树高为22米、树径为4米,冠径为近20米。1988年,上海市林业局(现为绿化局)拨款为这株银杏树建成了石雕围栏,立下了保护碑牌。2003年,这株根杏树被评定为"市级古树"。

二、乡村文化振兴的体制机制改革与保障

新义村在推进乡村振兴产业振兴的过程中,始终高度重视产业振兴、群众增收与生态宜居结合。新义村通过一系列的机制和模式创新,全力打造美丽乡村。

一是增强故事品牌效应,推动产业均衡发展。进入新时代,新义村开始以故事文化为抓手,打造故事品牌,推动乡村全面建设。新义村位于吴越之地的中国故事村,历史文化悠久。作为中国故事村,新义村盛产故事、善讲故事、爱听故事,故事文化源远流长。新义村要抓住故事优势,用故事创造发展,坚定不移地以故事导向,吸引更多的外来游客旅游观光。同时,积极打造新义村的故事名片,让新义故事扎根于村内每寸土地。

故事文化品牌的崛起带动了产业的发展。新义村联合枫泾古镇,打造了一条以古银杏树、中国故事展厅、民间故事宣讲为主题的旅游线路,每年接待旅客3万多人。图3-18为法国艺术家柒先生墙绘。

二是打造田园综合体,促进乡村产业振兴。首先,拓宽农民增收渠道。新义村与天域生态牵手,共同打造"众创入乡"天域·新义田园综合体。将村民闲置房屋以及农民辅助房统一租给天域公司,签约15年,由天域公司翻建、改造,村民依旧住在自己家中,合同期满后房屋使用权仍属于村民。在此过程中,房屋出租增加了村民的财产性收入,就近在创客基地内工作增加了村民的工资性收入,城乡人员流动和农产品出售,增加

图 3－18　法国艺术家柒先生墙绘

了村民的经营性收入。其次,增加村级集体收入。全面提高村内集体经营性建设用地的利用率,在原有房屋基础上精心设计、合理改造,通过出租、合营等方式,打造旅游接待中心和精品民宿,激活村级资产,增加村级收入。最后,打造平台,引进资源。依托农创路演平台,为成果转化提供承载基地。梳理整合优质土地资源,先后引进优质猕猴桃、黄桃、梨园、草莓等优良农创项目生产基地,进一步促进新义村产业结构优化,奠定产业兴旺发展的基础。全面梳理整合集体经营性建设用地,打造集休闲旅游、商务餐饮、咨询服务等功能于一体的基础功能设施,为到村参观、创业的游客和创客提供基础服务。

三是完善治理体系,助力治理有效。首先,确保村民积极参与村务。2015 年,新义村开展了"十个一"美丽乡村建设,其中就包含制定一部村规民约。新义村始终坚持问题导向,坚持做到"三问":"问需"着力于解决实际问题,"问计"着力于发挥组织能动作用,"问效"着力于检验工作成效。新义村坚持"四议两公开"程序,确保村内各项事务决策和推行于法有据。在制定村规民约的过程中,坚持由村党总支提议、村"两委"会商议、党员大会及村民代表大会审议,并充分发挥村民议事会作用,通过公示、宣讲、讨论等方式广泛征求村民意见,确保每一个程序都有村民参与。

其次,制定村民"小宪法"。新义村按照新形势新要求,在原来66字的村规民约中增加了"诚以待人,言而有信人人道",形成包括遵纪守法、联防联户、移风易俗、尊老爱幼、绿化村庄、科技兴农、诚以待人七个方面的村规民约。结合村务管理中的痛点难点堵点,征求职能部门意见后形成《新义村村民自治细则》,对生态环境、村风民俗等多方面的乡村治理进行细化。同时,根据《枫泾镇关于规范农村家庭养殖、创建美丽宅基工作指导意见》《枫泾镇"美丽乡村—幸福家园"创建暨乡村环境大整治三年行动方案》,制订形成《新义村"美丽宅基·五个一家庭示范户"创建细则》,全面详实地修订完善了以村规民约为核心的"1＋X"自治规则。研究制定《新义村村民信用管理实施办法》,整合形成新义村四治五建自治手册村民"小宪法",使村务工作有规可循。

四是注重生态宜居,全力打造美丽乡村。首先,加快推进农民相对集中居住点建设。按照村庄规划以及郊野单元(村庄)规划,新义村农民相对集中居住点面积为5.72公顷,分批次安置160余户。一期项目占地约12亩,安置"平移"农户30户,以三种房型(普通型、车库型、电梯型)供农户自由选择,以老百姓"三个说了算"平稳推进平移安置点建设。同时,按照政府统一规划,完成"上楼"集中签约27户。其次,强化宣传,做到家喻户晓。自开展农村垃圾分类工作以来,新义村严格按照相关工作部署要求,结合乡村振兴建设以及"美丽乡村—幸福家园"创建暨乡村环境大整治工作,提升完善村内两网融合点、湿垃圾处置站、四分类垃圾收集亭、农户垃圾桶等垃圾分类配套设施。推进新义村垃圾分类工作,实现农村生活垃圾"减量化、无害化、资源化",就地处置一部分湿垃圾,从源头减少垃圾的产生数量。最后,加大重点区域村容村貌打造力度。完成村庄改造、污水纳管全覆盖。实施打通断头浜、拆坝建桥、生态系统修复等河道整治工程,进一步优化提升水质环境。完成村内173幢村宅旧房的外立面风貌改造提升工程,对外立面进行破损修复和色系统一。结合新义村产业发展基础,完成小三园改造提升。以农村文化为纽带,挖掘中国故事村文化旅游概念,对沿线景观进行统一布局、精雕细琢。优化提升美丽乡村景观,打造村民修身公园、法治公园、清风长廊等公共场所,进一步提升乡村人居环境。

第十二节 莲湖水韵,青西人家:上海市青浦区金泽镇莲湖村

莲湖村被誉为"长在郊野公园里的村庄"。凭借着优良的生态环境、典型的水乡风貌和优越的区位优势,莲湖村展现出独特的乡村魅力。正是凭借这种独特的乡村魅力,莲湖村带动村民不断增收,集体经济逐渐壮大。

一、发展概况与文化资源

(一)发展概况

莲湖村位于金泽镇莲盛社区东北片,南临练西路,东依新港村,西靠大莲湖湿地公园,是青西郊野公园 4.6 平方千米启动区内唯一的一个行政村。全村区域面积 4.25 平方千米,由谢庄和朱舍 2 个自然村组成,有 15 个村民小组,672 户,共 1 824 人,耕地面积为 3 300 亩。现有产业以种植粮食、蔬菜和水产养殖为主。莲湖村能看到 7~8 种鸟类栖息聚集,扁水草在河道中随波起舞,绿树成荫。全村水产养殖业年产值在 150 万元以上,水稻等种植业的年产值在 1 540 万元以上,生态农家乐、农林业观光旅游业的年产值在 50 万元以上。2017 年全村经济总收入达 320 万元,人均纯收入达 21 438 元。

莲湖村先后被评为上海市卫生村、上海市整洁村、青浦区新农村新家庭计划达标村、青浦区文明村等。2018 年 11 月,莲湖村获得中国生态文化协会"2018 年全国生态文化村"的荣誉称号。2019 年 12 月 12 日,莲湖村入选"2019 年中国美丽休闲乡村"名单。2019 年 12 月 24 日,莲湖村入选全国乡村治理示范村名单。2020 年 11 月 20 日,莲湖村入选"第六届全国文明村镇"名单。2021 年 7 月,莲湖村党总支被评为"上海市先进基层党组织"。2021 年 8 月 25 日,莲湖村入选第三批全国乡村旅游重点村名单。2021 年 12 月,莲湖村入选"2022 年全国'村晚'示范展示点"。

莲湖村围绕"美丽家园""绿色田园""幸福乐园"的"三园"建设目标，坚持党建引领，重点实施综合管线改造、村庄及庭院风貌提升、公共设施改造、打造成片荷塘景色等 13 项任务清单，同步推进五大振兴 32 项任务。莲湖村举全镇之力，奋战 100 天，实现村庄风貌提升、公共服务设施完善、特色产业发展、集体经济逐步壮大、乡村治理有效，不断提升村民的满意度和幸福感。

莲湖村在广大党员积极建言献策的氛围中，坚持在保护中开发、在开发中保护的原则，因地制宜谋新路，永远不踩生态"红线"，赢得了党员和村民的一致好评。通过莲湖村党总支的堡垒引领和党员的先锋示范作用，村容村貌、道路、服务中心、厕所等旅游基础设施逐步完善。2019 年，上海莲湖企业发展有限公司成立，其创新打造"支部＋公司＋农户"的旅游发展新模式，逐步实现村集体和村民共同增收的目标。图 3－19 为上海市青浦区金泽镇莲湖村。

图 3－19　上海市青浦区金泽镇莲湖村

（二）乡村文化资源

一是特色文化传承。为弘扬和传承文化遗产，莲湖村充分利用村部地理优势，围绕"美在生态，富在产业，根在文化"的战略，组建"打莲湘"队伍,创建田山歌基地。秉承江南文化内涵,引入尔冬强工作室,形成莲湖口述史。编撰涵盖精神文明建设、人文历史、地方掌故等主题的《青浦区金泽镇莲湖村村史汇编》。

二是文化活动开展。围绕继承好、弘扬好、延续好传统文化,通过百姓舞台、文化广场、市民益智健身苑点等公共服务阵地,培育扶持群众文体特色团队。开展"杨氏24式"太极拳、"打莲湘"、健身气功等技能培训,开展科学健身、上善讲堂等近20场讲座。举办荷花、菜花等特色花卉节。结合青西郊野公园资源,排演沉浸式田山歌实景剧《乡音归来》,培养田歌传承人。通过田歌、赏风景等方式,让游客走进莲湖,亲近自然。

三是旅游产品开发。莲湖村积极开辟生态湿地游、田园观光游、农事体验游、自然村落游、周边环线游等旅游线路。其拥有诸多特色旅游项目,包括自然生态氧吧(上海青西郊野公园),特色农业种植(蛙稻米、千亩莲塘),集采摘、亲子、团建等于一体的红柚基地(红柚园),科普教育基地(欣耕工坊)等。莲湖村联动周边的旅游资源,组织游客进行"三湖"游,即莲湖村的大莲湖、东西村的水源湖以及蔡浜村的淀山湖。莲湖村还举办"三届红柚丰收体验节""我的丰收我的节""田山歌情景剧演出""长三角美丽乡村研学""莲花宴"等旅游主题日活动,精心策划茭白叶编结、农事劳作等体验活动。同时,莲湖村还因旖旎的自然风光而成为摄影家协会的常驻基地。

二、乡村文化振兴的体制机制改革与保障

(1)莲湖村坚持在保护中开发、在开发中保护的原则,因地制宜谋新路,永远不踩生态"红线"。莲湖村紧扣"莲"的主题元素,按照典型江南水乡"莲湖水韵 归田园居"的总体定位,实现打造"世界游客、长三角创客、莲湖村村民的美好生活田园"的发展愿景。其坚持生态环境创新"四清(亲)"策略、村容村貌创新"六风"策略、公共服务提升"七服"策略、基础设施提升"四服"策略、乡风文明传承"四风"策略。其尊重村庄肌底纹理以及发展脉络,形成谢庄"一轴、双心、两带"、朱舍"一轴、一心、两带"的风貌

结构。同时,莲湖村以青西郊野公园为依托,以"千亩莲塘"(见图3-20)为亮点,打造生态宜居、寓教于乐、四季宜游的特色旅游村庄。2020年,莲湖村接待游客总数40余万人次,其中团队284批次,10 138人次,旅游年收入达1 166万余元。

图3-20　千亩莲塘

(2)依托宅基地委托流转、土地流转、农产品自产自销等方式实现增收。村委会对村民闲置用房进行统一规范流转租赁,进一步增加农民收入;鼓励村民自产自销,利用空地打造田园集市,鼓励村民销售家中吃不完的农产品、当地手工艺品等;提高土地流转费,适当提高租赁给各景点的土地流转费,相比一般土地流转,平均每亩可增加600元至1 000元。

(3)积极推进莲湖红柚园农业技术培训基地建设,加强莲湖村农业专业技术人才培养力度,大力培养新型职业农民和高技能人才,助推乡村振兴。从区领军人才、拔尖人才、名师专家工作室中选派农业领域相关专家人才,开展"人才进莲湖村"活动,为莲湖村振兴发展建言献策。以红柚园、茭白编结社为载体,创建"家门口的农民培训基地",开展田园课堂等党建共建项目,引领农民专业合作社参与乡村振兴。举办农民就业技能培训班,提升农民的职业技能水平和就业竞争力。拓展新型农产品的销售模式,依托"金品泽味"小程序,实现无人超市的有序运营,提升农产品的知名度和附加值。

第十三节　古韵今声,打造江南新 IP:
上海市青浦区重固镇章堰村

青浦区重固镇章堰村是历史悠久的千年古村落。章堰村以科创产业、科技农业为抓手,统筹产业、人才、文化、生态、组织五大振兴,树立了具有上海特色的"章堰新范式"。

一、发展概况与文化资源

(一)历史沿革与发展

章堰村是上海市传统古村落,始建于北宋 1065 年,因宋代著名政治家和思想家章楶在此筑堰而得名。村庄位于重固镇西北方向 3 千米处,村域面积约 2 平方千米,村分成三块,呈品字形。章堰村有耕地面积 1 830 亩,现有 496 户,户籍人口为 1 478 人,外来人口为 1 325 人,常住人口为 1 892 人,其中壮族人口为 2 人,回族人口为 1 人。该村现有 11 个村民小组,1 个新村规划点。章堰村区位优势明显,交通出行便利,其距虹桥商务区约 15 千米,距上海市中心 30 千米,沪常高速、山周公路等干道穿境而过。章堰村是个久负盛名的古村落,当地有句俗语"金章堰、银重固"。村内有兆昌桥、金泾桥、汇福桥三处区级文物以及一处不可移动文物,即章堰城隍庙。2012 年,该村被评为上海市民族文化传统古村落,2014 年被列为全区八个美丽乡村试点单位之一,同年,其借助"美丽乡村"建设宣传拆违政策,通过了区级无违村的验收,取得全镇第一块"无违村"牌。2017 年,章堰村被列入首批区"十大无违标杆村"之一。2019 年 6 月,该村获得"上海市文明村"荣誉。2020 年,其被列入市第三批乡村振兴示范村。2021 年,其获得"区先进基层党组织"称号,并被列入区首批 20 家新时代幸福社区试点。

(二)历史传承和创新

章堰村保持古村落文化底蕴,挖掘历史、把握现代、面向未来,实现新旧文化交融,以文化自信激发文化创新创造力,着力推动乡风文明塑形铸魂,持续推动文化传承和创新。

一是与古为新,再现"江南风"。一是老街核心区与古为新,再现创新江南风。对原老旧古村落区域 144 户村民全部实施集中上楼,使其进城安置享受现代城镇生活。128 亩古村落通过重新规划、整体更新、内容注入的方式实现老村焕新。依托村内的古桥、古房、古巷、古树和河绕石埠、绿树成荫的独特水乡古村景观,邀请李振宇院长牵头,及章明、王方戟等"同济八骏"进行集群设计,对古建筑翻新复活,打造古村落传统街巷及景观风貌,合理布局业态功能,同步注入新兴产业及文化,形成一个水乡聚落的艺术街区。"时尚水村江南风格"脱颖而出,"金章堰"繁华景象再现。其中,章堰村文化馆入围 2020 Dezeen 世界最佳建筑大奖和世界著名设计网站 Designboom 发布的世界"十大博物馆及文化中心"榜单。章堰村文化馆内设三个展厅,分别从章堰的前世、今生和未来,呈现章堰的历史和故事。章堰汇福堂遵照原有建筑的屋脊轮廓和风格,内部采用全木结构,展现原有的历史风韵,同步引入中版书房进驻,开展丰富的主题文化活动,有效提升章堰村的文化价值。

二是创新实践,重塑"江南美"。对章堰村古村落周边零星村宅的 56 户农户开展平移集中居住,集中平移点占地 23 亩,节地率 51.7%,共分为三个街坊,目前已完成样板区域和样板房建设。房屋外观上采用江南传统元素并融入现代手法重构,形成粉墙黛瓦、虚实相间、错落有致的风貌特色。与此同时,融合江南文化底蕴,赋予时代创新,打造成前有小花园、内有小中庭、后有小菜园的传统江南合院,以"现代手法"重塑"江南之美"。

三是优化肌理,延续"江南韵"。章堰村对保留居住区的 252 户农宅进行风貌提升,邀请中国美院的设计团队对屋面、墙面、庭院、河道和公共空间等重新进行设计打造,与古村落核心区遥相呼应。通过屋面、墙面喷涂,围墙更新,门窗更换和格栅装饰等提升房屋整体面貌;通过石板、瓦片、灰砖等铺装,让庭院兼具美观和实用功能。通过公共空间和巷道景观小品、人文小广场、休闲桌椅等布置,呈现"白墙灰瓦批屋顶,临水相依满庭芳地"的江南水乡村景。保留居住区生态、文化、现代等各类元素,既记载历史,又传承江南文化的内涵,让村民在享受到城市功能配套的同时,体会恬淡惬意的田园乐趣。

二、乡村文化振兴的体制机制改革与保障

章堰村在推进乡村振兴的过程中,始终高度重视产业振兴与群众增收紧密结合,通过一系列机制和模式的创新,在推动产业振兴的同时,实现群众增收。

一是构建运营模式一体化。精准对接,抛出经济合作意向,并从完善工作机制、强化招商力量、加强队伍建设、搭建招商平台等方面制定具体措施。按照"规模化、标准化、市场化、生态化"的农业发展思路,以促进农业增效、农民增收为目标,不断深化农业产业结构的调整,优化布局,扩大新型产业规模,积极扶持和培育新兴产业,吸引企业立足章堰。章堰村与中建八局签署章堰古村落合作开发运营一体化协议,其中,集体经济组织占股 10%;古村落项目正式运营后,每年村集体经济组织都将从运营收益中获得一定比例的分红。此外,协议明确规定,项目整体租赁期满后,所有地上物业无偿移交给集体经济组织,实现集体经济组织增收。

二是形成产业利益共同体。激励龙头企业为普通农户提供生产资料、技术、农机作业、物流和销售服务,促进小农户生产与现代农业发展有效衔接,为广大农民提供更多就业机会,实现农民就近转移就业,增加农民的工资性收入。章堰古村落核心区积极引入的进博国别馆、创新企业、文创企业、八局人才发展中心、东坡居酒店、章堰民宿、堰集餐厅和免税店等产业将带动章堰村经济规模扩大,就业岗位增加,闲置资源充分利用,村民集体收益分红增加。产业发展成熟后,其可以为本镇村民提供约

300个就业岗位,带来每年人均5万～6万元的工资收入,同时将带动周边闲置农房出租,每栋可收租金约10万/年。3～5年内,核心区域预计可导入企业约100家,实现财税双收。

三是融入现代农业经济圈。章堰村积极引入和培育新农人,推动农业高质量发展。依托章堰科技农业园,引入中国台湾永龄农场管理团队,对农业园进行升级改造,开展科研培训、平台销售、直播带货和亲子活动,推动一、三产业联动高质量发展,打造高科技农业技术研发、应用、展示、职业农民培训以及休闲旅游的示范窗口;依托静逸合作社,实现退伍军人返乡创业,开展"鸭稻米"生态循环种养,种植有机稻米520亩,认证稻米300吨,提升稻米品质,实现优质农产品生产。通过"章堰丰收节""大米品鉴评比"和"线下＋线上"营销,打响"章堰香米"和"万亩春"鸭稻米品牌,实现"卖稻谷"向"卖品牌大米"转变,大力发展"订单农业"。通过引入和培育新型农业主体,培育特色农产品品牌,推进助农增收。

四是加大对外宣传和影响力。章堰村依托各大媒介平台资源,打响"乡创"和"乡旅"两大特色品牌。一年多来,《解放日报》等市级媒体共报道章堰乡村振兴示范村创建工作情况12次,绿色青浦微信公众号等转载章堰示范村创建信息40多次。重固家园微信公众号开设专栏,对章堰相关工作进行120多次报道,有效提升了章堰的品牌影响力;通过撰写村史,宣传推广章堰悠久的历史文化和古迹。章堰村文化馆由国内新锐设计师琚宾老师负责,该项目于2020年9月入围2020 Dezeen世界最佳建筑大奖。2020年12月,章堰村文化馆入选世界著名设计网站Design-boom发布的世界"十大博物馆及文化中心"榜单,形成网红打卡点。图3—21为农闲农旅和文化创意类项目。

图 3—21 农闲农旅和文化创意类项目

第十四节 从横沙历史古镇到海岛风情乡村的蜕变：
上海市崇明区横沙乡丰乐村

丰乐村以"横沙竞美"为愿景，依托自然生态景观，充分挖掘和利用当地的自然资源和文化特色。遵循生态立村、产业富村、文化强村的原则，丰乐村整合农旅资源，打造了一个集长江生态保护、农旅融合、游学体验于一体的海岛新乡村。

一、发展概况与文化资源

（一）发展概况与历史沿革

丰乐村位于横沙岛的中南部，区域面积约为 2 平方千米，共有 12 个村民小组,总户数为 625 户,总人口为 1 525 人。

翻开历史卷轴,总览丰乐古今。据横沙乡志记载,丰乐村的所在地横沙岛成陆于 1858 年,距今已有 160 多年的历史。百年沧桑变幻,其几经坍塌,众多土地被海潮吞没得无影无踪,岛域面积不断变化,唯有百年老街丰乐镇仍旧屹立在海岛东南部。丰乐村是曾经丰乐镇的所在地。

据考证,丰乐镇上最古的建筑已有 120 多年的历史,也是横沙岛上现存最古老的建筑。时代变迁,丰乐镇由盛转衰,老镇古老的历史风貌已褪去,老镇也逐渐被淡忘。坐落在老街上的这几座低矮的老房子,白墙青瓦、古朴典雅,俨然成了丰乐镇最后的一道风骨。

1984 年,横沙人民公社被撤销,横沙乡人民政府成立,其下辖的丰乐大队正式被命名为丰乐村。自此,丰乐村作为独立的行政村,正式踏上跑道,一路向前,飞速发展。

如今的丰乐村已然不见旧日风貌,其如同披上碧绿的新衣,焕然一新。丰乐村与时俱进,紧跟时代步伐,不忘延续民俗习惯,继承传统文化精髓,领悟先辈锐意进取的开阔精神,让百年丰乐站在先辈的肩膀上再一次腾飞。2020 年 7 月,丰乐村入选文化和旅游部第二批全国乡村旅游重点村名单。2020 年 8 月 26 日,其入选第二批全国乡村旅游重点村名单。2021 年 11 月 12 日,其入选农业农村部办公厅公布的 2010—2017 年中国美丽休闲乡村监测合格名单。

(二)乡村人文风貌

(1)产业基础和资源条件。丰乐村的农业产业发展经历了从传统农业向现代农业的转变。近年来,丰乐村积极引进现代农业技术,推广高效节水灌溉、无公害农产品生产等先进技术,大力发展绿色生态农业。目前,丰乐村的主要农作物有水稻、油菜、蔬菜等,其中水稻种植面积约为 1 000 亩,油菜种植面积约为 500 亩,蔬菜种植面积约为 300 亩。面积为 330 亩的丰乐村海岛艺术田园自试开园以来,已吸引 10 万以上游客上岛体验。2019 年,70 周年庆典上,丰乐的水稻田被"学习强国"列为农民庆祝中华人民共和国成立的范例。丰乐村 80 亩的江豚闯世界连环求福画,更是刷新了吉尼斯世界纪录。

(2)村庄文化底蕴。丰乐村已有百年历史。目前,村内拥有一处重要的历史风貌——丰乐老街。丰乐老街见证了革命时期到如今的历史演变,丰乐村经历过辉煌灿烂后又回归闲适平淡。每逢传统节假日,丰乐村积极开展各类文化活动,提升村民文化素养,培育淳朴民风。为了保护即将消失的传统手艺,丰乐村深入挖掘传统手艺人,在蒸崇明糕的爷叔家打造了一个"稻米工坊",在制作米酒的阿姨家改造了一个酿酒坊。海岛艺术田园边上的竹编馆内,陈列了许多竹编工艺品。丰乐村还邀请竹编老师不定期对村民进行竹编工艺的指导。在建设村庄的过程中,丰乐村将竹编艺术与彩绘融合在一起,让游客感受传统艺术与现代艺术巧妙碰撞。丰乐村还邀请专业拍摄团队用摄像机记录非遗传承者的制作过程,为丰乐村留下宝贵的非遗影像资料。丰乐村有一支稻花香文艺团,该文艺团通过歌舞的形式传唱横沙的传统民谣。

此外,为了让更多人近距离感受丰乐村的历史以及传统技艺,丰乐新天地边上的丰乐村村史馆与非物质文化遗产体验馆于 2021 年上半年建成。村史馆内通过宣传片、文字、照片、沙盘等形式呈现丰乐村往昔的繁荣景象。非遗馆内展示着不同类型的坛坛罐罐、雕花窗棂、木质橱箱,它们代表着 20 世纪五六十年代横沙人民的生活记忆。

二、乡村文化振兴的体制机制改革与保障

(一)以农旅结合、文旅结合实现旅游兴村、研学活村、文创富村

农旅助兴:以海岛艺术田园景区为首的永丰生态 3A 级景区创建成功,未来预计将吸引超过 20 万的游客。加快建设与之配套的农家乐、民宿、游客中心、农产品市集等,预计能产生 1 000 万元的产值。

乡村游学:与华师大旅游发展中心合作的大乐童乡游学项目现已完成全套课程研发。随着项目推进,未来其预计年接待学生数量突破 2 万人次,并将开办国际性乡村游学论坛、长江论坛。

绿色农场:拟将现有菜园、果园、桃园等统一交由乐之道旅游公司深

入开发,统一构建绿色生态品牌,实行线上商城、线下实体同步销售,实现从卖产品到卖艺术品的转变。

丰乐·万橘产业园建设,本着"发展特色产业、特色经济,打造标杆"的理念,结合横沙柑橘产业特色,引入多品种柑橘,对现有零散的 150 亩种植园进行重新规划,分三期打造。2020 年,将种植园的业态划分为田园文化体验区、农业科普区、民宿风情区、亲子研学活动区、休闲娱乐区、田间栈道观赏区,打造高标准多品类橘园种植示范基地,建设农产品展示空间,构建丰乐的"农、科、研"产业提升示范基地。

(二)主推"五美"建设,注重生态宜居

在原有的"三美"基础上,主推"五美"建设,实现村庄、农场、庭院、河道、道路全覆盖,并结合迎花博、治五棚,努力实现花村花宅花路。全村河道能灌、能排,并能自我净化。

"五美"精品区与海岛风貌区叠加并进行延伸。对以丰乐三组特色风貌区为中心,延伸至丰乐一路的海岛风情街全段所涉区域进行全方面改造提升。以丰乐八组、丰乐新天地、丰乐老街为主线,建设一个横沙文化风貌区,并让该区域的风格适当统一。

对全村河道进行保塬、疏浚、植草。推进垃圾 N 次分类,建设零垃圾社区新高地。新建汇车道、停车区、行人休息区、行人健身路,完善旅游配套设施,满足大流量游客进入景区的需求。

(三)以丰乐特色传统乡村文化为基础,持续推进丰乐村文明素质提升

将乡村图书馆与丰乐村村史馆的文化元素植入丰乐新天地,让传统文明绽放光芒。通过乡村大舞台和群众演艺厅的建设,让丰乐新天地焕发勃勃生机。将每年的文艺大会演固定化,构建丰乐文化品牌。继续推进丰乐夜课堂这一上海学习型乡村十大王牌项目之一,不断提升村民能力。

(四)以产业培育带动就业,实现财产收入和农民收入双丰收

鼓励村民自营民宿、农家乐、手工艺作坊等。先期由乐之道公司牵头组织,将横沙伴手礼传统竹编、柳编、农民画挖掘出来,做好文创、民宿这篇大文章。丰乐建立健全"股份合作""龙头带动""村级组织领头"三种利益联结机制,精准施策,实现富乡、富村、富民的目标,预计户均增收至 36 000 元。

　　围绕乡村振兴战略"产业兴旺、生态宜居、乡风文明、治理有效、生活富裕"的要求,丰乐村坚持紧跟上级党委政府的要求,稳步有效推进乡村振兴工作的具体任务和部署,建立健全以村党支部书记为核心的工作保障机制,有序推进各项工作的开展。图 3－22 为丰乐村大乐童乡花景。

图 3－22　丰乐村大乐童乡花景

第十五节　园艺铸就历史、预示将来：
上海市崇明区港沿镇园艺村

一、发展概况与文化资源

(一)发展概况

　　港沿镇园艺村位于崇明岛中部地区,港沿镇东部,其东临向化镇,南接草港公路,西依合东村,北抵同滧村。园艺村共占地 3.1 平方千米,总人口为 1 495 人。耕地为 1 723 亩,粮田为 1 033 亩,常年菜田为 251 亩,林地为 80 亩,鱼塘为 42 亩,畜禽场为 1 亩。

半个多世纪以来,花卉苗木业一直是园艺村的主导产业,其造型黄杨更是独树一帜。园艺村是"崇派"造型黄杨的发源地,享有"中国瓜子黄杨之乡"的美誉。2018 年 11 月,园艺村获得中国生态文化协会评选的"2018 年全国生态文化村"的荣誉称号。2019 年 12 月 12 日,园艺村入选"2019 年中国美丽休闲乡村"名单。

(二)乡村人文风貌

一是自然资源。园艺村农用地约占全村土地的 88%,其中,黄杨种植规模达 1 000 多亩。园艺村水系发达,水资源丰富,村域内区、镇、村三级河道总长度约为 40 千米。一条区级河道(渡港)南北贯通,4 条镇级河道东西贯通,一条村级河道依傍大港公路而流,数十条泯沟纵横交错,形成"四横两纵"的水网结构。境内水网密集,绿化植被丰富、错落有致,形成了蓝绿交融的自然生态环境。村庄住宅沿河分布,房屋依河而建,农户民宅以二层民居为主,一户一庭院、错落有致。乡村自然肌理保持良好,具有浓郁的江南水乡风情。

二是花卉种植和园艺传承的历史。建村伊始,花卉苗木业便是园艺村的主导产业,园艺村的老百姓有句顺口溜:"园艺村有三宝,黄杨、水仙和花草"。特别是几乎家家户户都种植黄杨,使得园艺村在业界享有中国"瓜子黄杨之乡"的美称。

二、乡村文化振兴的体制机制改革与保障

(1)加强乡村文化振兴的组织领导。成立乡村文化振兴领导小组,明确分工,统筹协调各项工作,明确各部门职责,确保各项工作有序推进。加强与上级部门的沟通联系,为乡村文化振兴提供有力保障。定期召开乡村文化振兴工作会议,研究解决工作中的重大问题。定期召开会议,总结工作进展,分析存在的问题,研究解决措施,确保各项工作顺利推进。如今,崇明黄杨已成为崇明岛上靓丽的风景,园艺村则是崇明黄杨的主要产业基地。近

几年,全村景观黄杨和"崇明派"造型黄杨年销售收入达 3 000 万元。在中共崇明区委、区政府的正确引领下,园艺村正着力提升景观黄杨的整体水平,打造"崇明派"黄杨造型的品牌效应,向着产业发展的更高处迈进!

(2)促进一、二、三产融合发展。全村 85%的农户从事黄杨、花卉种植工作,推进黄杨产业组织化、规模化发展。园艺村探索"农户+合作社+基地"的多元种植经营模式,成立了 7 家苗木种植专业合作社,吸引村民自觉种植黄杨,形成规模效应。其深耕黄杨产业链,实现黄杨、花卉结合,农旅融合,以小叶黄杨为主导产业的一、二、三产融合发展的局面初步形成。

(3)加强乡村文化建设与宣传。加强乡村文化建设,提升乡村文化软实力。园艺村通过举办各类文化活动、建设文化设施等方式,加强文化建设,提升村庄的文化软实力。加强乡村文化建设宣传,提高乡村文化建设的社会认同度。通过各种媒体宣传文化建设的成果和经验,园艺村提高了社会对其文化建设的认同度和关注度。积极与各类媒体合作,通过新闻报道、专题报道等方式,扩大园艺村文化建设的影响力。

(4)加强乡村文化振兴的法治保障。完善乡村文化振兴的相关法律法规,为乡村文化振兴提供法治保障。加强乡村文化振兴的执法监督,确保各项政策措施落地生根。加强乡村文化振兴的法治宣传教育,增强居民的法治意识。图 3—23 为上海市崇明区港沿镇园艺村。

图 3—23 上海市崇明区港沿镇园艺村

参考文献

[1] 曹红亮.上海农耕文化之振兴路径[J].上海农村经济,2019(6):38－39.

[2] 曹红亮.长三角地区乡村文化的历史、现状及建设规划[J].上海农村经济,2020(7):27－30.

[3] 曹红亮.上海当前乡村振兴示范村建设的经验与思考[J].上海农村经济,2020(5):8－10.

[4] 曹红亮,吴颖静,俞美莲.乡村振兴视野下上海近代以来农耕文化的流变[J].上海农业学报,2020,36(2):125－130.

[5] 陈伯海.上海文化通史·引言[M].上海:上海文艺出版社,2001.

[6] 陈尧明,苏迅.长三角文化的累积与裂变:吴文化——江南文化——海派文化[J].江南论坛,2006(5):15－19.

[7] 高骞,吴也白,朱咏,王沛.上海推进乡村振兴的瓶颈制约及对策建议[J].科学发展,2018(10):34－40.

[8] 葛剑雄.上海与长三角的历史渊源[J].中国改革,2004(5):53－55.

[9] 葛剑雄.江南与上海互动关系研究[J].上海地方志,2019(2):4－10,94.

[10] 郭俊华,卢京宇.乡村振兴:一个文献述评[J].西北大学学报(哲学社会科学版),2020,50(2):130－138.

[11] 李德建.论文化视阈中的乡村文化资源开发[J].农村经济,2009(6):100－103.

[12] 刘爱国,胡涌涛.促进上海乡村振兴的基本途径[J].党政论坛,2019(10):30－34.

[13] 刘士林.江南文化的当代内涵及价值阐释[J].学术研究,2010(7):89－95.

[14] 刘士林.江南与江南文化的界定及当代形态[J].江苏社会科学,2009(5):

228－233.

[15] 沈昕,李庆,张梦奇.江南文化助推长三角一体化发展研究[J].江淮论坛,2021(2):179－185.

[16] 宋小霞,王婷婷.文化振兴是乡村振兴的"根"与"魂"——乡村文化振兴的重要性分析及现状和对策研究[J].山东社会科学,2019(4):176－181.

[17] 王战.江南崛起的文化密码[J].探索与争鸣,2019,352(2):11－12.

[18] 吴松弟,方书生.长三角经济区演变的过程和机制(1840—2000 年)// 任远,等.全球城市:区域的时代[M].上海:复旦大学出版社,2009.

[19] 徐丽葵.乡村文化资源传承创新的三重向度——以乡村振兴战略为背景[J].广西社会科学,2019(12):152－156.

[20] 叶敏,张海晨.紧密型城乡关系与大都市郊区的乡村振兴形态——对上海城乡关系与乡村振兴经验的解读与思考[J].南京农业大学学报(社会科学版),2019,19(5):33－40,155.

[21] 林青.乡村振兴视域下的非物质文化遗产传承和发展研究[J].南京理工大学学报(社会科学版),2018,31(4):32－37.

[22] 朱敏,何潇."过剩之地":超大城市的乡村振兴——以上海为例[J].党政干部学刊,2019(6):57－63.

[23] 张绍樑.理论·实践·探索:城市规划、建设文集[M].上海:同济大学出版社,2008.

[24] 周晓娟.超大城市乡村振兴模式与制度性供给研究[J].科学发展,2019(2):61－70.

[25] 朱熹.平江府常熟县学吴公祠记//晦庵先生朱文公文集:第 80 卷[M].四部丛刊本.